BIENVENUE À VENISE !

Vue du ciel, la Sérénissime épouse la forme d'un poisson, dont les entrailles suggèrent l'existence de plusieurs quartiers. Six *quartieri* exactement, ou plutôt *sestieri*, car rien ne se dit comme ailleurs à Venise. À pa la sublime San Marco, forcément unique, aucune place n'e appelée *piazza*. Ici, on les baptise *campo*. Les rues ont po nom *calle* et les quais, *fondamenta*... Autant de signes d'u forte identité, évoquée par tant d'écrivains, comme envoû par cette ville éternelle parcourue de canaux.

La meilleure façon de découvrir Venise ? S'y perdre. Descendre d'un vaporetto, s'enfoncer dans une ruelle, errer, palper les murs humides des palais décatis, franchir un canal, buter sur une impasse et revenir sur ses pas. S'arrêter aussi : pousser les portes des musées et franchir les porches des églises, somptueux écrins pour les œuvres des maîtres vénitiens... Une demi-heure de marche oisive suffit pour changer d'atmosphère : les splendeurs baroques, les expositions courues cèdent vite la place à un quartier résidentiel et à ses *bacari*, ces bistrots pris d'assaut à l'heure de l'apéritif.

SOMMAIRE

Les incontournables

✪ Basilica di San Marco

La perle de Venise, entre Orient et Occident

La basilique (**A** B5)

→ *Piazza San Marco Tél. 041 270 83 11 www.basilicasanmarco.it Lun.-sam. 9h30-17h, dim. 14h-17h (16h30 nov.-mi-avr.) Entrée libre (basilique) Tarif Pala d'Oro 2€, Tesoro 3€, Museo Marciano 5€ Tenue correcte exigée*

Avec ses cinq dômes dont les bulbes évoquent les turbans de vizirs, avec le fabuleux miroitement de ses ors et de ses marbres, la basilique Saint-Marc incarne le rêve de Byzance... Construite au XIe s. afin d'héberger dignement les précieuses reliques de saint Marc rapportées d'Alexandrie par des marchands en 828, cette basilique millénaire raconte l'histoire d'une cité conquérante à la croisée de l'Orient et de l'Occident.

Façades extérieures

Elles doivent leur aspect actuel à la marqueterie de **marbres polychromes** rapportés d'Orient, dont furent revêtues les briques d'origine entre les XIe et XVe s., ainsi qu'au couronnement des arcades supérieures par des diadèmes de pierres ciselées, admirable expression de l'art gothique. Au niveau de la **loggia** se détache le groupe de chevaux de Saint-Marc, en bronze, qui ornait l'hippodrome de Constantinople (mais il s'agit ici d'une copie). Quant au **portail central**, c'est un chef-d'œuvre de la sculpture médiévale avec des bas-reliefs représentant les mois, le zodiaque, les métiers et les arts.

Mosaïques et pavement

Plus de 4 000 m² de mosaïques à fond d'or (XIe-XIVe s.) recouvrent les murs et la voûte de la basilique, que l'on admire aisément depuis le **Museo Marciano**, situé dans la galerie supérieure. Les tesselles savamment assemblées composent une gigantesque bible illustrée, dont la lecture débute dans le narthex, où se déroule le récit de la Genèse (création du monde, chute d'Adam et Ève, arche de Noé...). Puis dans la **coupole de l'Ascension** apparaît le Christ, majestueux au milieu d'un ciel étoilé, entouré des anges, des apôtres et de la Vierge. Au sol, le magnifique **pavement de marbres**, digne d'un tapis d'Orient, mêle motifs géométriques et figures animales.

Pala d'Oro et Tesoro

À l'intérieur de la basilique, les influences byzantines s'expriment aussi dans l'iconostase en marbre rouge qui dissimule le chœur et le maître-autel sur lequel resplendit la **Pala d'Oro**. Ce retable d'or des Xe-XIVe s., incrusté d'émaux cloisonnés et de 1 927 pierres précieuses, compte parmi les plus riches ouvrages d'orfèvrerie au monde. Il relate la vie du Christ et de la Vierge, et montre des saints et des prophètes. Le trésor (**Tesoro**), lui, réunit des objets précieux parvenus à Venise après le sac de Constantinople, notamment une collection d'icônes et d'ornements sacrés.

Museo Marciano

Du narthex, à droite, un escalier mène à ce musée. C'est ici que logent les chevaux de Saint-Marc depuis leur restauration, pour échapper à la pollution. Rapportés par les croisés lors de la prise de Constantinople, ils restèrent dans la basilique jusqu'à ce que Napoléon les fasse installer sur l'arc du Carrousel, aux Tuileries, en 1797. Ils ont été restitués à la Sérénissime en 1815. Vue plongeante depuis la Loggia dei Cavalli sur la place Saint-Marc et la Piazzetta.

✪ Palazzo Ducale

Joyau gothique, siège du pouvoir de la Sérénissime

Le palais (A B5)
→ *Piazzetta San Marco Tél. 041 271 59 11 palazzoducale.visitmuve.it Tlj. 8h30-21h (19h nov.-mars ; 23h ven.-sam. avr.-oct.) Tarif 25€*
Le plus beau palais de Venise, chef-d'œuvre du gothique vénitien, n'a plus rien de commun avec le château fort défendu par de hautes murailles qu'on éleva au IXe s. Dominant la lagune et la Piazzetta de ses élégantes façades de marbre rose, il prit son apparence actuelle au tournant des XIVe et XVe s. On ne se lasse pas d'admirer le jeu des arcs brisés, la simplicité des lignes et des volumes (galeries aériennes aux niveaux inférieurs, dernier étage massif semblant flotter dans les airs) qui évoquent un palais des *Mille et Une Nuits*. Accueillant les organes de l'État, le palais des Doges bénéficia d'un programme décoratif fastueux. Sa découverte reste aussi époustouflante aujourd'hui qu'elle devait l'être pour les ambassadeurs et négociants d'autrefois.

Second étage
La visite débute par ce niveau, auquel on accède par la **Scala d'Oro**, l'escalier de Sansovino. Il conduit aux appartements du doge et à un dédale de salles qui témoigne des arcanes du pouvoir vénitien : **salles du Collège** (où se réunissaient la Seigneurie et les ambassadeurs), **du Sénat** (sorte de Conseil des sages au pouvoir législatif), **du Conseil des Dix** (chargé de la sûreté de l'État)... Toutes arborent un décor d'une grande richesse, où resplendissent les ors et les fresques magistrales exaltant les succès de la Sérénissime ou le pouvoir des institutions, signées notamment par le Tintoret et Véronèse.

Premier étage
On rejoint l'immense **salle du Grand Conseil**, qui accueillait les réunions de la magistrature suprême dont les membres étaient, depuis 1297, issus des familles nobles inscrites dans le livre d'Or. Pour cette salle imposante, le Tintoret composa ***Le Paradis***, une toile de 7 m de large et 22 m de long (1588-1594). Les œuvres de Véronèse, Palma le Jeune, Jacopo Bassano

et du Tintoret qui ornent le plafond en bois doré célèbrent la puissance de la République conquérante. On s'enfonce ensuite dans les **Prisons**, de sinistre mémoire, par le **pont des Soupirs**. En 1580, comme la place commençait à manquer dans les cachots de la Sérénissime, furent édifiées, de l'autre côté du canal, les nouvelles prisons. Elles ne seront reliées au palais qu'en 1614 par un pont rebaptisé à l'époque romantique le "pont des Soupirs", peut-être en référence aux soupirs que poussaient les condamnés qui le traversaient. Un escalier de service relie les *pozzi* (puits) au rez-de-chaussée, redoutés pour leur manque d'air et leur humidité, aux *piombi* (plombs), situés sous les toits, qui doivent leur célébrité à l'un de leurs prisonniers, **Casanova**, qui fit le récit de sa fuite rocambolesque.

Cour intérieure
La visite s'achève par la cour intérieure. L'aile orientale de style Renaissance en pierre d'Istrie, due à Antonio Rizzo (1483), se détache du reste de l'édifice par la richesse de son ornementation. La **Scala dei Giganti** (escalier des Géants), où était intronisé le doge, est flanqué des statues de Mars et Neptune, réalisées par Sansovino. On quitte le palais par l'entrée d'honneur en traversant le portique Foscari et la **Porta della Carta**, admirable exemple du style gothique fleuri, couronnée par le lion ailé, symbole de Venise.

✪ Basilica dei Santi Giovanni e Paolo

Le panthéon des doges

La basilique (**A** C3)

→ *Castello 6363 Campo Santi Giovanni e Paolo Tél. 041 523 59 13 Tlj. 9h (12h dim.)-18h Tarif 3,50€*

Toute de brique rose revêtue, celle que les Vénitiens appellent San Zanipolo (contraction dialectale de Giovanni et Paolo) constitue, avec les Frari, le plus bel exemple de gothique sacré à Venise. Elle offre un magistral panorama de la statuaire avec les tombeaux des doges et la plus importante collection vénitienne de Véronèse.

Extérieur

Construite par les dominicains vers la fin du XIIIe s. sur un terrain offert par le doge Jacopo Tiepolo, la première basilique est très vite jugée trop exiguë. Elle sera agrandie et embellie pendant deux siècles encore pour n'être consacrée qu'en 1430. Œuvre de Bartolomeo Bon, Domenico Fiorentino et un certain maître Luce, la **façade tripartite** est percée d'une rose centrale et couronnée de trois pinacles, avec les statues des dominicains Thomas d'Aquin, saint Dominique et saint Pierre de Vérone. Par le majestueux **portail**, on accède à la basilique aux dimensions tout à fait grandioses : 101,60 m de long, 45,80 m de large, 32,20 m de hauteur.

Les monuments funéraires

San Zanipolo fait figure de panthéon des gloires vénitiennes. Pas moins de vingt-cinq doges y reposent, auxquels s'ajoutent les héros de la Sérénissime. Sont ainsi illustrées ici les pages les plus glorieuses de l'histoire vénitienne. On retiendra le **monument de Vittor Pisani** (chapelle de la Maddalena) qui évoque le triomphe de la République sur sa grande rivale Gênes lors de la bataille de Chioggia (1380) ; le **tombeau de Marcantonio Bragadin**, attribué à Vincenzo Scamozzi, qui rappelle la chute de Famagouste (1571), dernière citadelle vénitienne de Chypre, et le martyre du héros écorché vif par les Turcs ; ou encore la **statue du grand général et futur doge, Sebastiano Venier**, œuvre d'Antonio dal Zotto (transept gauche), qui témoigne de la victoire de la flotte chrétienne sur les Turcs à la bataille de Lépante (1571). Impossible d'oublier le grandiose **mausolée** de style baroque de la famille Valier. Il célèbre la victoire de Lazzaro Mocenigo aux Dardanelles en 1656, dans une allégorie en haut-relief due au ciseau de Marino Groppelli.

Les œuvres picturales

L'église conserve d'autres trésors, à l'instar du ***Polyptyque de saint Vincent Ferrier***, de Giovanni Bellini (deuxième autel sur la droite), composé de neuf compartiments, avec, dans le registre central, le dominicain espagnol, saint Vincent Ferrier. Incontournable également, la **chapelle du Rosaire** (à gauche du maître-autel) pour les toiles de Véronèse, placées ici au XXe s. après qu'un incendie a entièrement détruit la chapelle avec tous les chefs-d'œuvre qu'elle contenait (1867). Parmi les autres œuvres importantes, on citera ***La Distribution d'aumônes de saint Antoine*** (1542) de Lorenzo Lotto (à droite du chœur), un **triptyque de Bartolomeo Vivarini** (près de l'orgue, dans la nef gauche) et la magistrale ***Gloire de saint Dominique*** de Giambattista Piazzetta (chapelle San Domenico). Une mention enfin pour le grand vitrail historié du **transept droit**, unique échantillon connu des productions des maîtres verriers de Murano pour les édifices religieux. L'église sera continuellement enrichie de sépultures, tableaux et sculptures jusqu'en 1806 : en pleine ère napoléonienne, les dominicains sont éloignés de leur couvent – transformé en hôpital –, et l'église dépouillée de nombreuses œuvres d'art.

✪ Gallerie dell'Accademia

Toute la peinture vénitienne !

Le musée (**B** B3)
→ *Dorsoduro 1050 Campo della Carità*
Tél. 041 522 22 47 www.gallerieaccademia.it
Tlj. 8h15-19h15 (14h lun.) Tarif 12€
L'Accademia offre le **panorama le plus complet et le plus prestigieux** de la peinture vénitienne, attestant l'effervescence artistique exceptionnelle de la Cité des Doges entre le XIVe et le XVIIIe s., quand tous ses artistes s'illustraient dans les genres les plus divers (peinture sacrée, portraits, compositions monumentales, paysages...), répondant avec une fièvre inégalée aux commandes toujours plus ambitieuses des patriciens et des institutions de la République. Le complexe monumental des Gallerie dell'Accademia occupe **l'ancienne Scuola Grande di Santa Maria della Carità**, l'une des plus vieilles confréries de la ville (XIIIe s.), l'église Santa Maria et le couvent des chanoines du Latran, partiellement détruit en 1630. C'est en 1750 qu'est instituée une académie vénitienne de peinture, sculpture et architecture. Elle s'installe à la Carità seulement en 1807, devenant académie royale des beaux-arts par décret napoléonien. Une pinacothèque est alors créée afin de fournir un support didactique aux élèves et d'accueillir le patrimoine artistique des édifices publics, dont la chute de la Sérénissime a provoqué la dispersion, et les trésors des couvents et églises tout juste supprimés. En 1817, le musée est ouvert au public.

Les espaces d'exposition
Ils se sont agrandis au fil des siècles, à mesure que les collections s'enrichissaient grâce aux dons et legs de grands collectionneurs vénitiens (Girolamo Molin, Felicita Renier, Girolamo Contarini) et aux acquisitions. L'Académie des beaux-arts a aujourd'hui quitté ses locaux historiques, laissant au musée plus de 6 000 m² pour s'étendre... Depuis 2005, de lourds travaux sont en cours. Si le rez-de-chaussée est achevé, reste le 1er étage qui devrait être terminé à l'horizon 2020. D'où une ouverture aléatoire des salles : certaines œuvres ne sont pas du tout visibles, d'autres sont déplacées au fil des travaux, d'autres encore sont en prêt à l'étranger ou en restauration. On consultera le site Internet au préalable pour ne pas risquer d'être déçu lors de sa visite.

La collection
Des primitifs aux artistes de la Renaissance, sans oublier les peintres du Settecento et les "vedutisti", tous les maîtres sont là : **Paolo Veneziano**, dont les polyptyques dorés s'affranchissent doucement de l'influence byzantine et des attitudes hiératiques (*Couronnement de la Vierge*) ; **Giovanni Bellini** avec ses *Vierges à l'Enfant*, empreintes d'humanité, et ses pietà mélancoliques ; **Gentile Bellini**, portraitiste et peintre des cérémonies de la République (*Le Miracle de la Croix au pont San Lorenzo*, *Procession sur la place Saint-Marc*) ; **Carpaccio** et ses récits bibliques (*Miracle de la relique de la Croix*, *Le Cycle de sainte Ursule*) ; **Giorgione** et ses effets de transparence (*La Tempête*) ; le fameux trio de l'âge d'or **Titien-Véronèse-le Tintoret** (respectivement *La Pietà*, *Le Repas chez Lévi* ou *Translation du corps de saint Marc*) ; et puis **Tiepolo** et ses envolées rococo, **Pietro Longhi** et sa chronique de la vie quotidienne (*La Leçon de danse*), **Canaletto** et ses vues quasi photographiques baignées d'une incomparable lumière...

✪ Collezione Peggy Guggenheim

Une collection d'art moderne unique

Le musée (B D3)

→ *Dorsoduro 701 Calle San Cristoforo Tél. 041 240 54 11 www.guggenheim-venice.it Mer.-lun. 10h-18h Tarif 15€*

Palais curieusement tronqué posé au bord du Grand Canal, la Ca' Venier dei Leoni abrite l'un des plus importants musées italiens consacrés à l'art moderne de la première moitié du XXe s.

Le palais Venier dei Leoni

L'illustre famille Venier, qui donna à la République dix-huit procurateurs de Saint-Marc et trois doges, lance la construction de son palais en 1748 sur un projet de l'architecte **Lorenzo Boschetti**. Le rez-de-chaussée, tout en pierres blanches d'Istrie, augure une construction majestueuse... Pourtant les travaux s'arrêtent. Est-ce par manque d'argent ? Ou parce que les Corner, autre puissante famille vénitienne rivale installée sur la rive opposée, ne supportent pas l'idée d'un édifice plus grand et plus beau que le leur ? On ne sait. Toujours est-il que le palais restera inachevé... Propriété de l'excentrique **marquise Luisa Casati**, mécène et muse de nombreux artistes de 1910 à 1924, il est acheté en 1949 par la riche collectionneuse américaine **Peggy Guggenheim**, qui lui donne une seconde vie. Elle le restaure et, dès 1951, l'ouvre au public, qui peut alors admirer sa collection personnelle d'art moderne. Il faut dire que l'Américaine a eu du flair et s'est intéressée très tôt à la peinture d'avant-garde, parcourant l'Europe entière ; elle a ouvert plusieurs galeries et constitué ainsi une fabuleuse collection. Un an après sa mort en 1979, la **fondation Solomon R. Guggenheim**, qui a hérité du palais et du prodigieux patrimoine artistique, ouvre la Collezione Peggy Guggenheim et continue depuis à l'enrichir par des donations de son propre fonds ou par des prêts de collectionneurs privés.

La collection permanente

Au Palazzo Venier dei Leoni, même si Peggy affirmait son impartialité entre surréalisme et art abstrait, c'est bien le **surréalisme** qui se taille la part du lion avec des œuvres de René Magritte (*L'Empire de la lumière* ou *La Voix des airs*), Paul Klee (*Jardin étrange*), Salvador Dalí (*La Naissance des désirs liquides*)... Le **futurisme**, mouvement italien du début du XXe s., est représenté par des signataires du Manifeste des peintres futuristes tels que Giacomo Balla et Umberto Boccioni. Quant à l'**expressionnisme abstrait américain**, il forme l'autre grand pôle du musée. Très tôt, la galeriste et mécène avait pressenti le talent de jeunes artistes américains comme Willem de Kooning, Mark Rothko ou Jackson Pollock, et acquis plusieurs de leurs créations.

La collection Schulhof

En 2012, le musée s'est enrichi de 80 œuvres d'art italien, européen et américain de l'après-guerre issues de la collection Hannelore et Rudolph Schulhof, où figurent, entre autres, des œuvres d'Alberto Burri, Philip Guston, Anselm Kiefer, Jean Dubuffet, Alexander Calder...

Le jardin Patsy R. et Raymond D. Nasher

Le jardin est réservé aux sculptures, celles de la collection historique (dont Giacometti, Arp, Marini ou Minguzzi...) ainsi que des pièces prêtées par d'autres fondations ou collections privées (Marini, Nannucci, Kapoor...). Un peu à l'étroit, la fondation a dû acheter le palais voisin pour y installer une partie de ses collections, des manifestations temporaires, un Education Center, dédié aux activités didactiques, et un café.

✪ Basilica Santa Maria della Salute

La quintessence du baroque

LA BASILIQUE (**B** E3)
→ *Dorsoduro Campo della Salute Tél. 041 274 39 28 basilicasalutevenezia.it Tlj. 9h30-12h, 15h-17h30* ***Sacristie*** *Lun.-sam. 10h-12h, 15h-17h ; dim. 15h-17h Entrée libre Tarif sacristie 4€*
Deux dômes vertigineux, deux campaniles, un escalier majestueux, six chapelles rayonnantes, le tout reposant sur plus d'un million de pilotis longs de 4 m... Rien n'était trop beau pour cette basilique édifiée en l'honneur de la Vierge à la fin de l'épidémie de peste de 1630, qui a décimé entre un quart et un tiers de la population.

L'extérieur

La basilique, en forme de couronne, déploie sa monumentalité à l'extrémité de Dorsoduro, presque à l'embouchure du Grand Canal. Elle doit sa majesté théâtrale à l'audace novatrice de Baldassare Longhena, choisi par le Sénat parmi dix autres architectes. La première pierre est posée le 1er avril 1631, alors qu'il a tout juste 33 ans. Il y consacrera sa vie mais n'en verra jamais la fin : la basilique sera achevée après sa mort par Antonio Gaspari, en 1687. Si la **façade**, précédée d'un gigantesque escalier, s'inspire de la tradition palladienne, l'édifice en pierres d'Istrie arbore des ornements baroques. La conception d'un plan octogonal et d'un **double dôme** était révolutionnaire pour le XVIIe s., en ce temps où ni Le Bernin ni Borromini n'avaient encore réalisé leurs œuvres majeures à Rome. Une profusion de **statues** (on en compte 125) envahit niches et corniches, tandis que d'imposantes **volutes**, surnommées les *orecchioni* (grandes oreilles), servent de contreforts au dôme central, prodigieux. Au-dessus de la lanterne trône une **statue de la Vierge** bénissant la ville avec le bâton de capitaine de mer.

L'intérieur

Quel contraste avec un intérieur d'une austérité surprenante que ravive le pavement en marbre polychrome ! **Six chapelles** se greffent autour de l'espace central surmonté par la très haute coupole, soutenue elle-même par d'imposantes colonnes. La seconde coupole, plus petite, coiffe le chœur, qui sert d'écrin au maître-autel conçu par Longhena et qu'animent plusieurs statues de Josse le Court (1670). La **sacristie** recèle plusieurs tableaux de premier plan. *Saint Marc entouré des saints Côme, Damien, Roch et Sébastien*, exécuté par Titien en 1511, séduit par la puissance expressive des personnages et sa sensibilité chromatique. Dans les **peintures monumentales du plafond,** l'artiste illustre avec force des épisodes dramatiques de l'Ancien Testament (*Le Sacrifice d'Isaac*, *Abel et Caïn* et *David et Goliath*). Toujours dans la sacristie, *Les Noces de Cana* (1561) du Tintoret, où le maître s'est représenté (premier apôtre à gauche).

La fête de la Salute

Le 21 novembre de l'an 1687, le doge Marcantonio Giustinian fait la promesse que chaque année, à la même date, les Vénitiens afflueront au sanctuaire de la Salute en signe de dévotion et d'éternelle gratitude à l'égard de la Vierge, qui a mis fin à l'épidémie. Ce vœu est à l'origine d'une fête, qui compte, avec celle du Rédempteur, parmi les cérémonies religieuses les plus typiques de Venise. Un pont de bois est lancé quelques jours avant entre les deux rives, de Santa Maria del Giglio à la Salute. Le jour J, le campo della Salute est envahi par les étalages de cierges, d'images pieuses, de jouets ou de *fritelle* (beignets aux raisins secs et pignons) cuisinés sur place.

✪ Rialto

Carrefour des activités marchandes depuis le Moyen Âge

Le quartier (**D** E-F3)
Cœur de la vie marchande dès le IXe s., le Rialto accueille chaque jour une foule hétéroclite : dès les premières heures, les Vénitiens se pressent autour des étals du marché… avant de laisser la place au flot de touristes qui déferlent sur le pont. Le Rialto est l'une des zones les plus anciennes de Venise, dont le nom même évoque les origines lointaines de la Cité. Dès le IXe s., on parle, en effet, d'un petit village au centre de la lagune, nommée *Rivoaltus* (rive haute), où s'installe le doge dès 810. Seule la rive gauche conservera le nom de Rialto, lorsque deux siècles plus tard la ville prend de l'essor. Un pont de barques, amarrées les unes aux autres, permet de traverser le Grand Canal au XIIe s., avant que ne soit construit le premier pont de bois entre 1200 et 1260. La zone devient un carrefour des activités marchandes, comme en témoignent encore le nom des rues. Outre les marchés de gros et de détail, les ateliers et échoppes de pierres et métaux précieux, d'épices et de soie, s'y installent, entre le XIIIe et le XVe s., les plus importantes magistratures liées au commerce et à l'administration fiscale, ainsi que les organismes chargés de la réglementation des métiers et corporations… L'activité y est fébrile dès l'aube, les marchands de tous pays s'y rencontrent sous les arcades pour leurs transactions, dans les *fondaci* (les entrepôts) ou même dans les *osterie*…

Ponte di Rialto (**D** F3)
Trois ponts de bois s'étant successivement écroulés (c'est le dernier que l'on voit dans le tableau de Carpaccio conservé à l'Académie, *Le Miracle de la relique de la Croix*), le Sénat décide, en 1524, d'en construire un en pierre, d'autant que le quartier tout entier a été la proie des flammes en 1514. Pourtant les choses traînent en longueur. Au terme d'un concours entre les plus grands architectes du XVIe s. (Michel-Ange, Palladio, Scamozzi, Vignola et Sansovino), la Sérénissime finit par choisir, en 1588, le bien nommé Antonio da Ponte. Le lauréat a imaginé un pont à arche unique en forme d'accent circonflexe, assez haut (7,50 m) pour permettre le passage des galéasses, dont le Bucentaure, la glorieuse "galère des doges". L'ouvrage, en pierre d'Istrie, repose sur plus de 6 000 pilotis plantés sur les deux rives. Les travaux vont bon train, puisque moins de trois ans après le vote du Sénat, le pont est achevé (1591). Le portique, sous lequel ouvrent les échoppes, sera, lui, ajouté ultérieurement. Ce pont restera jusqu'au XIXe s. le seul trait d'union entre les deux rives du Grand Canal.

Mercati di Rialto (**D** E3)
→ ***Erberia*** *Lun.-sam. 7h-13h* ***Pescheria*** *Mar.-sam. 7h-13h*
Pour humer une Venise plus authentique, il faut venir ici tôt le matin et assister au ballet saisissant des *topi*, *bragozzi* et autres embarcations locales colorées, chargées de poissons et de crustacés, qui alimentent le marché de la Pescheria : en semaine, il déroule ses étals sous les halles du Campo della Pescheria. Idem pour les fruits et légumes qui arrivent de la lagune, notamment de Sant'Erasmo, ou de la terre ferme à l'Erberia, où se concentrent les marchands des quatre saisons. Ainsi les mots de Gabriele D'Annunzio semblent prendre tout leur sens : "Le pont du Rialto [est] pareil à une grande corne d'abondance qui verserait sur les quais d'alentour les nourritures terrestres et marines."

✪ Le Grand Canal

La plus célèbre avenue aquatique du monde

Le "Canalazzo"

→ *Vaporetto ligne 1 www.actv.it Tarif 4€/trajet*
Le "Canalazzo", comme le surnomment les Vénitiens, dessine un large S inversé courant sur 4 km au centre de la ville. Cette voie d'eau est la grand-rue de Venise, bordée d'une suite ininterrompue de palais, *fondaci* et églises. On ne se lasse pas de le parcourir en *vaporetto*, dans un sens, puis dans l'autre, afin de suivre une rive, puis l'autre. Prévoir une paire de jumelles pour détailler les façades. À défaut de les citer tous, voici quelques palais emblématiques qui déroulent leur somptueux décor le long du Grand Canal.

Ca' Pesaro (D D2)

→ *Santa Croce 2076 Fondamenta Ca' Pesaro Tél. 041 72 11 27 capesaro.visitmuve.it Mar.-dim. 10h-18h (16h30 nov.-mars) Tarif 14€*
Avec sa façade aux profonds effets de clair-obscur, ce palais baroque (1652-1710) est l'archétype du goût patricien. Bossages en pointes de diamant, têtes de monstres, *putti* et génies accentuent par leur opulence décorative l'élégance des éléments architectoniques : c'est le triomphe du baroque vénitien. La Ca' Pesaro abrite les musées d'Art moderne et d'Art oriental.

Ca' d'Oro (E E4)

→ *Cannaregio 3932 Calle Ca' d'Oro Tél. 041 041 520 03 45 www.cadoro.org* ***Premier étage*** *Lun. 8h15-14h, mar.-dim. 8h15-19h15* ***Deuxième étage*** *Lun. 10h-14h, mar.-dim. 10h-18h Tarif 8,50€*
L'un des plus beaux palais du Grand Canal, rivalisant avec le palais des Doges : porteur de réminiscences byzantines, il transpose dans l'architecture les délicatesses de l'orfèvrerie. Il était jadis recouvert d'or, d'où son nom. Il accueille la collection de Giorgio Franchetti.

Ca' Foscari (B B1)

→ *Dorsoduro 3246 Calle Foscari Tél. 041 234 80 36 www.unive.it*
Ce majestueux palais gothique occupe une position stratégique à la courbure du Grand Canal ; ainsi, la République y logea des hôtes de marque. Aujourd'hui, c'est le siège de l'université de Venise. On remarquera la superposition de loggias surmontées de fenêtres quadrilobées, dont le dessin imite les façades du gothique fleuri.

Palazzo Grassi (B B2)

→ *San Marco 3231 Campo San Samuele Tél. 041 240 13 08 www.palazzograssi.it* ***Expositions*** *Mer.-lun. 10h-19h Tarif 18€ (billet combiné avec Punta della Dogana)*
C'est le dernier des grands palais construits au XVIIIe s. sur le Grand Canal. Giorgio Massari, qui venait de finir la Ca' Rezzonico, anticipe sur le néoclassicisme dans cet édifice d'une perfection stylistique empreinte de froideur. Expositions d'art contemporain de la fondation Pinault.

Ca' Rezzonico (B B2)

→ *Dorsoduro 3136 Fondamenta Rezzonico Tél. 041 241 01 00 www.museicivicivenezianі.it Mer.-lun. 10h30-18h (16h30 nov.-mars) Tarif 10€*
Ce palais somptueux, qui abrite le Museo del Settecento Veneziano, séduit autant par sa collection de peintures vénitiennes du XVIIIe s. (Canaletto, Longhi, Guardi...) que par son intérieur décoré et meublé selon le goût rococo de l'époque. Le rdc et le 1er étage sont de Longhena, qui meurt avant d'avoir terminé l'édifice. Racheté par la richissime famille Rezzonico, le palais sera achevé par Massari.

✪ Scuola Grande di San Rocco

Un ensemble pictural unique

La Scuola Grande (**D** A4)
→ San Polo 3052 Campo San Rocco
Tél. 041 523 48 64 www.scuolagrandesanrocco.it
Tlj. 9h30-17h30 Tarif 10€
Fondée en 1478, la plus opulente *scuola* de Venise tire sa renommée du prodigieux **cycle du Tintoret,** comptant 56 toiles. Cette confrérie est placée sous le patronage de saint Roch, le protecteur des pestiférés, particulièrement vénéré à Venise où les épidémies étaient fréquentes. Mieux vaut la visiter dans l'ordre de réalisation des peintures. En mai 1564, un concours est lancé pour la décoration du plafond de la **salle de l'Albergo.** Il s'agit là de la pièce la plus importante de la *scuola*, où se réunit son Conseil. Les plus grands artistes de la Sérénissime sont donc invités à fournir des esquisses. À en croire le peintre et historien Giorgio Vasari, le Tintoret remporte le concours grâce à un stratagème bien orchestré : au lieu de présenter une simple ébauche, il place sa toile achevée, représentant un saint Roch en gloire, au plafond ; face à la protestation d'aucuns, il prétend que c'est sa façon de travailler et, pour faire taire les esprits chagrins, il décide d'offrir la toile à la *scuola*. Ainsi commence un véritable "pacte d'art", qui va durer 23 ans, entre le peintre et la confrérie.

La salle de l'Albergo
Entre l'été et l'automne 1564, le Tintoret finit le plafond, toujours gratuitement, avec notamment des allégories des autres Scuole Grandi. Devenu membre de la confrérie, l'artiste s'attelle l'année suivante à la ***Crucifixion***, qui occupe tout le mur face à l'entrée de la salle (5 m de haut par 12 m de long). Il y donne vie à une foule de personnages indifférents au martyre du Christ, dont le corps est auréolé d'un halo blême, sur un fond de ciel sombre et bas. Le Tintoret serait le personnage barbu accoudé au muret juste au-dessus de l'homme qui creuse... observant la scène.
Sur les autres murs se déroulent des **épisodes de la Passion** dans de superbes clairs-obscurs. Les thèmes choisis sont inhabituels pour une *scuola*, dont l'iconographie était le plus souvent à la gloire du saint protecteur. Mais le Tintoret avait conçu et déjà commencé, pour l'église attenante, un cycle de quatre toiles sur la vie et les miracles du saint... Point n'était besoin d'insister !

La salle capitulaire
En 1575, le Tintoret s'attaque à la salle capitulaire. Il commence par la grande toile centrale du plafond, ***L'Érection du serpent d'airain*** – allusion à l'épidémie de peste qui sévissait alors à Venise. Une fois encore, il offre son travail à la confrérie. Mais deux ans plus tard, la toile achevée, il propose à la *scuola* de compléter la décoration de la salle en échange d'une rente annuelle de mille ducats. Sa grande entreprise s'achèvera trente-trois toiles plus tard à l'été 1581. Seul le retable de l'autel, ***L'Apparition de saint Roch***, sera terminé en 1588. Les toiles du plafond racontent des épisodes importants de l'Ancien Testament, notamment l'Exode, tandis que sur les murs, les dix toiles majeures illustrent le Nouveau Testament.

Le rez-de-chaussée
À partir de 1582, le Tintoret achève son œuvre pharaonique par les toiles du rez-de-chaussée qui représentent, dans un registre plus intimiste, la vie de la Vierge et l'enfance du Christ, dans *Sainte Marie-Madeleine lisant* et la très douce *Sainte Marie l'Égyptienne en méditation*. Il met la touche finale au travail de toute une vie avec l'installation de la *Circoncision* en mai 1587.

✪ Ghetto

Le quartier juif, premier ghetto d'Occident

Le quartier (**E** B2-C2)
La présence juive à Venise n'est attestée, avec certitude, qu'à partir du XIVe s. : des marchands juifs viennent acheter et vendre dans les ports et les *fondaci* (entrepôts), sans avoir le droit d'y résider. À partir de la *condotta* de 1381, ils sont officiellement autorisés à s'installer durablement, mais doivent limiter leurs activités au prêt sur gage et à la vente d'objets et de vêtements de seconde main. Ce contrat est néanmoins temporaire. Sensible à l'hostilité des banquiers et des marchands qui voient dans les nouveaux venus de possibles rivaux, la République impose aux juifs un statut discriminant et le port d'un signe distinctif (un rond jaune, puis un turban ou un chapeau d'abord jaune, puis rouge), mais refuse de les expulser, car ils apportent les fonds nécessaires à son essor économique. En 1516, la communauté est assignée à résidence dans le **Ghetto Nuovo**, un îlot de Cannaregio relié au reste de la ville par deux accès seulement, dont les portes seront fermées le soir. Ce terme de "ghetto", qui essaimera dans toute l'Europe, provient probablement du mot *geto* ou *getto* ("fonderie") : dans cette zone étaient en effet situées de nombreuses fonderies. Au noyau originel du Ghetto Nuovo s'ajoutent, au fil des vagues d'immigration successives, le **Ghetto Vecchio** (1541) puis le **Ghetto Nuovissimo** (1633). La densité démographique oblige à bâtir ici des maisons plus élevées que dans le reste de la ville : elles comptent souvent de six à neuf étages. Les portes du Ghetto seront abattues en 1797, mais sous les Autrichiens, les juifs seront de nouveau confinés. Ce n'est qu'après l'unité italienne qu'ils obtiennent les mêmes droits que les autres sujets... Et ce jusqu'au régime fasciste, qui promulgue les lois raciales et procède à la déportation en camp de concentration.

Museo Ebraico e Sinagoghe (**E** B2-C2)
→ *Cannaregio 2902/B Campo del Ghetto Nuovo www.museoebraico.it Juin-sep. : dim.-ven. 10h-19h ; oct.-mai : dim.-ven. 10h-17h30*
Visites synagogues *Toutes les heures : 10h30-17h30 (16h30 oct.-mai) Tarif musée 8€ (avec synagogues 12€)*
Le **musée d'Art juif** expose de précieux objets du culte israélite : une partie est consacrée aux fêtes juives et aux objets liturgiques (très belles pièces d'argenterie et tissus précieux notamment) ; l'autre partie à l'histoire des juifs de Venise. En complément, on visitera les synagogues logées, faute de place, au dernier étage d'immeubles d'habitation. Si on en comptait neuf en 1719, il n'en reste que cinq aujourd'hui. La plus ancienne, la **Schola Grande Tedesca** (1527), se distingue par sa petite taille. Légèrement plus grande, la **Schola Canton** (1532) déploie son élégante décoration baroque dans un cadre semblable à celui d'un théâtre tout en dorures et tentures. On la repère du Campo del Ghetto Nuovo à sa coupole en bois greffée sur un mur extérieur. La **Schola Italiana**, de 1575, est la plus simple. D'origine plus récente, la **Schola Levantina** (la seule qui ne soit pas insérée dans un édifice préexistant) et la **Schola Spagnola** ou Ponentina (la plus grande des synagogues vénitiennes) appliquent le rite séfarade. Ces deux dernières synagogues sont plus richement décorées que les précédentes, car les séfarades étaient assujettis à une fiscalité moins lourde que celle imposée aux juifs issus de la première vague d'immigration. Au plus fort de son essor, entre le XVIIe et le XVIIIe s., la communauté comptait 5 000 personnes...

Venise en 3 jours

L'essentiel de la ville en un grand week-end !

VENDREDI

9h Petit déjeuner raffiné au **Caffè Florian** (**A** A5), dans l'atmosphère feutrée des salons XVIIIe, rutilants de dorures et de miroirs, ou en terrasse pour jouir du spectacle de la place Saint-Marc.

10h On prend de la hauteur au **Campanile** (**A** B5) : à près de 100 m de haut, vue magique sur la ville et la lagune.

11h On se laisse envoûter par la magie de l'Orient à la **Basilica di San Marco** (**A** B5), chef-d'œuvre de l'architecture vénéto-byzantine, où brillent 4 000 m² de mosaïques ainsi que la Pala d'Oro, pièce d'orfèvrerie unique au monde.

13h Cap sur l'**Osteria Da Carla** (**A** A5), à l'écart du bruit, pour un apéro *cicchetti* au comptoir ou un plat traditionnel de *sarde in saor* (sardines marinées aux oignons, raisins secs, pignons et vinaigre).

14h30 On s'imprègne (après un peu d'attente) de la glorieuse histoire de la Sérénissime au **Palazzo Ducale** (**A** B5), ancienne résidence des doges et siège des institutions. Un dédale de salles décorées par de grands maîtres, à commencer par le Tintoret et son gigantesque *Paradis*, ou Véronèse et *L'Apothéose de Venise*.

16h30 On continue d'en prendre plein les mirettes chez **Venini** (**A** B5), temple du verre soufflé. Ce verrier des plus célèbres s'attache les services de grands designers (Scarpa, Sottsass, Aulenti...) pour des pièces d'exception. Prix à la hauteur !

17h On traverse le Grand Canal (si possible en *traghetto*, la gondole-bac collective) direction le Zattere, un quai propice à la *passeggiata* face à la Giudecca. Au passage, on s'aventure à la **Punta della Dogana** (**B** F3), temple de l'art contemporain.

18h30 Petite halte chez **Gelati Nico** (**B** A4) pour une glace au *gianduiotto*... avant l'incontournable *spritz* au **Chioschetto** (**C** C6), pour le coucher de soleil sur la Giudecca.

20h Dîner à **Linea d'Ombra** (**B** E4), qui conjugue cuisine créative et belle terrasse.

21h30 Retour place Saint-Marc pour un dernier cocktail au **Harry's Bar** (**A** A6) : sur les pas d'Hemingway, on tentera le mythique Montgomery (avec beaucoup de gin) ou le plus suave Bellini à base de *prosecco* et de purée de pêches.

SAMEDI

8h Réveil matinal pour le marché du **Rialto** (**D** E3) : légumes, poissons et fruits de mer de la lagune à volonté.

9h On fait figure locale à l'**Osteria All'Arco** (**D** E3), l'un des plus vieux *bacari* de la ville, en sirotant une *ombra* (un verre de vin) au comptoir. Et on remplit son panier d'épices d'Orient, de vins et autres spécialités italiennes à l'**Antica Drogheria Mascari** (**D** E3).

9h30 Leçon d'histoire de l'art à **Chiesa di Santa Maria Gloriosa dei Frari** (**D** A4), panthéon de Venise, avec la magistrale *Assomption* de Titien, et à la **Scuola Grande di San Rocco** (**D** A4), ornée de 56 toiles du Tintoret.

11h On se glisse dans l'église **San Pantalon** (**C** D3) pour son incroyable plafond en trompe-l'œil, le plus grand décor jamais peint sur toile !

12h Sur la charmante piazza Santa Margherita, rendez-vous des étudiants, on s'attable à la terrasse du **Caffè Rosso** (**C** C4), très couru des Vénitiens à l'heure de l'apéritif, pour un déjeuner sur le pouce.

13h30 Quitter Venise sans un masque de Carnaval ? Impossible après avoir poussé la porte de **Ca' Macana** (**C** D5), créateur de masques faits main depuis 1984, à deux pas du **Campo San Barnaba**.

14h15 On s'attaque aux **Gallerie dell'Accademia** (**B** B3), toutes dédiées à la peinture vénitienne : la preuve en image que Venise fut l'un des principaux fiefs de l'art occidental.

16h15 Par le Ponte dell'Accademia, on rejoint le **Campo Santo Stefano**, toujours très animé. Pause et glace méritées à la terrasse de **Paolin** (**B** C2)... avant de dévaliser l'atelier d'**Alberto Valese-Ebrû** (**B** D2), qui a élevé le papier marbré "à la cuve" au rang d'art.

17h Au **Palazzo Fortuny** (**B** D1), bel exemple de gothique fleuri, c'est l'univers féerique du génial Mariano Fortuny, peintre, photographe, couturier et créateur de tissus, qui se dévoile.

18h Apéritif à l'*enoteca* **Al Volto** (**B** E1), spécialiste en "*ombre e cicheti*". Une jolie sélection de vins accompagnés de *cicchetti*. Puis courte traversée en *vaporetto*, direction le **Campo San Polo**, la deuxième place de Venise par la taille.

20h Pour un dîner en amoureux inoubliable, on goûte la cuisine gastronomique du restaurant **Da Fiore** (**D** C3). Ou l'on choisit les pizzas du **Nono Risorto** (**D** D2), tout aussi réputées mais plus abordables.

22h Soirée cocktail au **Caffè dei Frari-Mercante** (**D** B3), ou branchée en compagnie de la jeunesse dorée au **PG's Bar** (**B** C1). Un repaire de stars pendant la Mostra !

DIMANCHE

9h Petit déjeuner dans l'une des plus vieilles pâtisseries de la ville, **Dal Mas** (**E** A3), près du Ponte degli Scalzi. Puis place au *sestiere* de Cannaregio, plus secret.

10h Arpenter le **Ghetto** (**E** C2), le premier quartier au monde où furent confinés les juifs, puis découvrir le **musée et les synagogues** (**E** C2) grâce à une visite guidée. Se laisser tenter chez **The Studio in Venice** (**E** B2) par les œuvres joyeuses et colorées de Michal Meron.

12h Pousser jusqu'à **Santa Maria dei Miracoli** (**A** B2), joyau Renaissance paré de marbres polychromes.

12h30 On reprend des forces à la **Rosticceria San Bartolomeo** (**A** A3), qui concocte une cuisine vénitienne populaire.

14h On rejoint la **basilique Santi Giovanni e Paolo** (**A** C3), autre panthéon vénitien, édifiée par les dominicains.

15h Halte à la petite **Scuola di San Giorgio degli Schiavoni** (**F** B2), où Carpaccio a peint un merveilleux cycle à la gloire des saints dalmates (*schiavoni*) : Georges, Tryphon et Jérôme.

16h Direction l'**Arsenale** (**F** C2), témoin de la puissance maritime de la Sérénissime. Mais on reste à la porte – splendide avec ses deux lions en marbre ! –, car la zone est militaire... On fait un saut au **Museo Storico Navale** (**F** C3) pour ses maquettes de navires, notamment celle du Bucentaure, la galéasse des doges.

17h15 Bol d'air frais aux **Giardini Pubblici** (**F** E4), le plus grand espace vert de Venise. En été, c'est le repaire de la Biennale (art contemporain les années impaires, architecture les années paires).

18h30 À l'heure de l'apéritif, le *rooftop* du bien nommé **In Paradiso** (**F** E4) offre une vue époustouflante sur la lagune.

19h30 Dîner au restaurant **Al Covo** (**F** B2), cossu, et sa carte mi-inventive mi-classique, à base de produits cueillis ou pêchés dans la lagune. Romantique !

22h Aux beaux jours, soirée au **Zanzibar** (**A** B4), un des rares établissements ouverts tard à Venise, pour un cocktail festif : *spritz* et techno.

UN JOUR DE PLUS ?

L'occasion de sortir des sentiers battus !

Quais de Cannaregio (E)
Une Venise calme et secrète se dévoile le long des canaux, aux confins du *sestiere*. **L'église de la Madonna dell'Orto** (**E** D2) est, plus que tout autre, celle du Tintoret : il y repose (à droite du chœur) et y a réalisé, dans sa jeunesse, de nombreuses toiles.

Isola di San Michele
→ *Vaporetto arrêt Fondamente Nove ligne 4.1*
À quelques encablures des quais, l'île des morts depuis le XIXe s. Derrière ses murailles roses d'où émergent les cyprès reposent Diaghilev et Stravinsky. Voir *Les échappées* (**H**).

Isola di San Giorgio Maggiore (**F** A4)
→ *Vaporetto arrêt San Zaccaria ligne 2*
Traverser le bassin de Saint-Marc pour monter au sommet du campanile de l'église palladienne : c'est l'une des plus belles vues sur Venise, avec le palais des Doges au premier plan, et la lagune.

Murano, Burano et Torcello
→ *Vaporetto arrêt Fondamente Nove ligne 12*
L'incontournable trilogie des îles pour découvrir le travail du verre (Murano) ou de la dentelle (Burano) et s'émerveiller devant la cathédrale byzantine S. M. Assunta (Torcello), parée de splendides mosaïques. Voir *Les échappées* (**H**).

CAFFÈ FLORIAN

Vivre à l'heure de Venise !

10 bonnes idées pour découvrir Venise autrement !

Prendre son petit déjeuner au comptoir
Les Vénitiens ne dérogent pas aux traditions italiennes, dont celle du petit déjeuner sur le pouce. Un café serré avalé au comptoir, une pâtisserie ou un biscuit (comme les *bussolà*, dont la forme en S évoque celle du Grand Canal) : la journée peut commencer !
→ *Chez Rizzardini* (**D** D3) *ou chez Rosa Salva* (**A** C3)

Faire son marché au petit matin au Rialto
Chicorée rouge foncé (*radicchio*), choux vert d'eau (*romanesco*) ou jeunes artichauts fuchsia (*castraure*) en rosace : les légumes colorés du Rialto (**D** E2) font la joie des photographes ! Ajoutons à cela une halle au poisson dont les étals regorgent des magnifiques espèces de la lagune, et l'on comprend pourquoi les Vénitiens ont fait de cette halte matinale un moment privilégié.
→ *S'y rendre vers 9h ou avant, car les maraîchers plient bagage dès 11h*

Apprivoiser les transports locaux
Les transports sont chers à Venise ? Pas les *traghetti*, larges et solides gondoles qui permettent, pour le prix d'un *espresso*, de traverser le Grand Canal en quelques minutes sans effectuer de détour. Quant aux *vaporetti* (bateaux à moteur), ils desservent toute la ville mais sont nettement plus coûteux.
→ *Prévoir de la monnaie ; attention, certains traghetti ne circulent que le matin*

"Laisser les gondoles à Venise"
Voguer sur les canaux de Venise en gondole, c'est comme parcourir les veines de la ville, ses moindres recoins, paisiblement porté sur les flots et bercé par le clapotis de la rame, loin de la frénésie des ruelles bondées. Une expérience onéreuse et touristique... mais incontournable !
→ *Le tarif est fixe (mais il varie en fonction des options)*

Manger à la mode de Venise
À midi, les Vénitiens prennent *tramezzini* (sandwichs coupés en biais) ou *cicchetti* (bouchées comparables aux tapas) : rapide et bon marché ! Le soir, dîner plus copieux dans une trattoria. Goûter les spécialités locales : spaghettis noirs à l'encre de seiche, foie à la vénitienne ou sardines *in saor*, marinées dans du vinaigre.

Lézarder au Lido
Venise-plage ! Cette étroite bande de terre, que l'on rejoint en *vaporetto*, s'étire sur 12 km entre la lagune

TENDANCE(S)

Streetfood à la vénitienne
Pour changer des *cicchetti*, on déguste dans la rue un cornet de friture toute chaude. Les *frittoin* (prononcer "fri-to-ïn" : échoppes de friture à emporter) sont à la mode !
Acqua e Mais (**D** D4)

Le potager de la lagune
Chefs étoilés et restaurants tendances ne jurent que par les produits de certains îlots de la lagune, comme les artichauts violets de Sant'Erasmo. Qui a dit que l'on ne mangeait que du poisson à Venise ?

Aperitivo avec vue
À savourer sur le *rooftop* d'un palace en admirant les toits, clochers et îles de la lagune : **Hilton Molino Stucky** (voir La Giudecca, page "Les échappées"). À moins de préférer les bars branchés des quais au nord de Cannaregio (**E**).

Shopping trendy
Les *furlane*, chaussons en velours des gondoliers, sont furieusement tendance en ville. On investit dans une paire chez **Pied à Terre** (**D** E3).

Au fil de l'eau
Trop classique la gondole ? Opter pour une découverte de Venise en kayak avec accompagnateur !
→ *www.venicekayak.com*

ACQUA ALTA

SPRITZ AU BISTROT DE VENISE

ɘt l'Adriatique. Les eaux :laires de la "station ɔalnéaire" attirent les ʌacanciers à l'heure ɬes grandes chaleurs ɘstivales.

→ *Pour bronzer, rendez-vous ɩur la plage des Alberoni ɔu de l'île de Pellestrina ʻaccès bus n°11)*

ɜarboter ɬans l'*acqua alta*

.orsque les eaux montent ɘn hiver, la cité est en ɡrande partie inondée. ʖi le phénomène réjouit ɘs visiteurs, il amuse noins les Vénitiens, ɥui se voient obligés de :alfeutrer l'entrée de leur naison (les commerçants eçoivent des alertes ɔar SMS, la veille !).)es sirènes annoncent a montée des eaux, et les différents sons en précisent l'ampleur (plus il y en a, plus l'eau va monter).

→ *L'hiver, prévoir d'emporter des bottes en caoutchouc*

Voir un spectacle à La Fenice (B E2)

La destruction du théâtre La Fenice par un incendie, en 1996, suscita tant d'émotion à Venise et dans le monde que l'on reconstruisit sa copie conforme, pierre par pierre ! Un travail de titan achevé en 2004, pour l'une des salles d'opéra les plus célèbres d'Italie.

→ *Prendre ses places un mois à l'avance*

S'offrir un visage de carnaval

Dans leur petite ville quasi insulaire où ils se croisent quotidiennement, les Vénitiens manquent parfois d'intimité. Le carnaval, qui durait jadis jusqu'à six mois, leur permettait de se parer d'anonymat. Ainsi, les nobles pouvaient passer inaperçus, et les libertins donner libre cours à leurs envies. Aujourd'hui, l'événement ne dure plus que quelques semaines, mais l'engouement demeure. Indispensables, les masques ont chacun leur histoire, comme celui du "docteur" au bec allongé, rempli de plantes médicinales pour se prémunir des microbes des patients.

→ *Les masques authentiques sont faits de papier mâché, tels ceux de Ca' Macana* (**C** D5)

Goûter aux joies de l'apéritif

Héritage des Habsbourg, le *spritz*, apéritif local par excellence, se sirote au comptoir des *bacari* à 18h. La recette de cette boisson aux couleurs acidulées ? 1/3 d'eau pétillante (eau de Seltz pour les puristes), 1/3 de vin blanc sec (prosecco) et 1/3 d'un alcool un peu amer (Aperol ou Campari). Sans oublier la demi-tranche d'orange ! Alternative côté cocktails : un Bellini, à siroter de préférence au Harry's Bar (**A** A6).

→ *L'hiver, direction les abords du marché du Rialto* (**D** E4) *et, l'été, le Campo Santa Margherita* (**C** C4)

ᴧU CARNAVAL

LA BARCA, CAMPO S. BARNABA

... ET MÊME SOUS LA PLUIE !

Programme

Liste des événements dans *Un ospite a Venezia* ou *Venezia News* (voir page "Sur place"), ou sur *www.agendavenezia.org* et *www.venezia.net*

Café historique

Rien de tel quand il pleut que de se prélasser dans un décor de rêve ! Le **Caffè Florian** (**A** A5), avec son somptueux décor XVIIIe s., est le plus vieux café d'Italie !

Musées non-stop

Après la visite du **Museo Correr** (**A** A5), on enchaîne (sans sortir !) avec le **Museo Archeologico** (**A** B5) et les salles monumentales de la **Libreria Sansoviniana** (**A** B5).

Spectacles

Concerts dans la **Basilica di Santa Maria Gloriosa dei Frari** (**D** A4), dans la **Chiesa di San Vidal** (**B** C2) ou au **Centre de Musique romantique française** (**D** B3). Et au *teatrino* du **Palazzo Grassi** (**B** B2) : conférences, lectures, concerts, performances ou projections de films d'art et d'essai (souvent en français)

→ *www.palazzograssi.it*

Cinéma

Giorgione Movie d'Essai (**E** F4). Quelques films en v.o.

Les bons plans

Tout ce qu'il faut savoir pour dépenser moins à Venise !

GRATUIT

1er dimanche du mois

Entrée libre dans les institutions ou musées suivants : **Libreria Sansoviniana** (**A** B5), Galleria Giorgio Franchetti de la **Ca' d'Oro** (**E** E4), **Museo Archeologico** (**A** B5) ou **Gallerie dell'Accademia** (**B** B3). Le **Museo della Musica**, au sein de l'église San Maurizio, est gratuit toute l'année.

Lieux de visite

Sans débourser un centime, on admire les façades des palais (comme celle du **Palazzo Contarini del Bovolo** (**B** E1) avec son célèbre escalier hélicoïdal), et quelques églises : **Saint-Marc** (**A** B5), **Santa Maria della Salute** (**B** E3), **Gesuiti** (**E** F3), **San Pantalon** (**C** D3), **Santi Maria e Donato** à Murano...

Panorama

→ *www.dfs.com*
Pour une vue à couper le souffle, monter à la terrasse du **Fondaco dei Tedeschi** (**D** F3), un édifice du XIIIe s. revu par Rem Koolhaas et transformé en grand magasin. L'afflux est tel qu'il faut réserver son créneau (15 min), sur place ou en ligne.

Free Walking Tour

→ *Rdv à 10 ou 11h après réservation par mail www.venicefreewalkingtour.com*
Pour une visite de 2h30/3h hors des sentiers battus avec un guide du cru. Attention, Saint-Marc et Rialto ne font pas partie des circuits ! Pourboire bienvenu.

Aller à la plage

Quelques zones de la plage du Lido (Bluemoon, dunes de San Nicolò et Alberoni) sont gratuites ! Il faudra tout de même payer le billet du vaporetto (13€ A/R).

TRAGHETTO

PETITS PRIX

Venezia Unica

→ *www.veneziaunica.it*
Ce pass fonctionne à la carte ! Options : musées, églises, transports, parking, etc. À partir de 33,90€ pour un Silver Pass (adulte).

Museum pass

→ *www.visitmuve.it Tarif 35€*
Ce pass inclut : le **Palazzo Ducale** (**A** B5), les **musées de la place Saint-Marc** (Museo Correr, Museo Archeologico, biblioteca Marciana) et l'ensemble des musées municipaux, dont **Ca' Rezzonico** (**B** B2), **Ca' Pesaro** (**D** D2), **musée du Verre** de Murano, **musée de la Dentelle** de Burano...

I Musei di Piazza San Marco

→ *www.visitmuve.it Tarif 25€*
Valable 3 mois, cette carte donne accès aux **musées de la place Saint-Marc** et au **palais des Doges**.

Chorus pass

→ *Tarif 12€ Entrée individuelle par église 3€ www.chorusvenezia.org*
Valable un an et donne accès à 18 églises, dont **Santo Stefano** (**B** D2), **Santa Maria Formosa** (**A** C4), **Santa Maria dei Miracoli** (**A** B2), **Frari** (**D** A4), **San Giacomo dall'Orio** (**D** B2), **Sant'Alvise** (**E** C1), **San Pietro di Castello** (**F** F2), **Gesuati** (**B** B4), **San Sebastiano** (**C** B5)...

Vaporetto

→ *www.actv.avmspa.it*
Le prix d'un billet étant élevé (7,50€, validité 75 min), préférer les cartes de plusieurs jours avec trajets illimités : 1 j. 20€, 2 j. 30€, 3 j. 40€ , 7 j. 60€.

Grand Canal

→ *Vaporetto ligne 1*
Pour le prix d'un billet de *vaporetto*, on parcourt sur 4 km mille ans d'histoire, dans une succession d'églises et de palais.

Traghetto

Faire un tour en gondole à moindre prix (2€), c'est possible : il suffit d'emprunter le *traghetto*, le bac-gondole qui permet de traverser le Grand Canal en plusieurs points (Saint-Marc, Rialto, Salute...). Une seule obligation : avoir un peu d'équilibre, car la traversée se fait souvent debout.

Aperitivo

Une *ombra* (un verre de vin) et quelques *cicchetti* ne coûtent que quelques euros. Après le marché, dans l'un des *bacari* du Rialto : **All'Arco** (**D** E3). Le soir, *spritz* et tapas sur le Campo Santa Margherita au **Caffè Rosso** (**C** C4) ou à Cannaregio au **Paradiso Perduto** (**E** D2).

Se repérer à Venise

À chaque quartier, son caractère et son atmosphère !

Venise ressemble à un poisson qui aurait mordu à un hameçon. Le Ponte della Libertà, qui relie la ville à la terre ferme, forme le fil qui sort de sa bouche. Venise compte six *sestieri* (quartiers), répartis de part et d'autre du **Grand Canal**, qui offre sur 4 km une vue inédite sur les façades de centaines de palais.

San Marco (A, B)
Le *sestiere* de San Marco est, bien sûr, celui de la **place Saint-Marc**. La seule *piazza* de la ville incarne la Venise cosmopolite, opulente et puissante qui fascina tant les voyageurs. La **basilique** byzantine ploie sous l'or des mosaïques, le **palais des Doges** émerveille par ses façades ouvragées, les Procuratie et la Libreria étirent leurs arcades à l'infini, sous bonne garde du “maître de maison”, le **campanile**. Au-delà de la place, le *sestiere* s'étend dans une boucle du Grand Canal : loin du flux de visiteurs, au détour de ruelles étroites, on y croise de charmants *campi*, des palais patriciens et le temple de l'art lyrique, la **Fenice**.

Castello (A, F)
À l'est de la place Saint-Marc, Castello dessine la queue du poisson. C'est le plus vaste des *sestieri* de la ville. C'est aussi le quartier de l'**Arsenal**, symbole de la puissance de la Sérénissime sur les mers. La partie ouest abrite, dans un enchevêtrement de ruelles et de *campi*, des églises et *scuole* mirifiques parmi les fleurons du patrimoine ; à l'est, au-delà de l'Arsenal, place à une Venise populaire, avec petits commerces, cafés et *trattorie* modestes. S'y étend aussi le poumon vert de la ville : les **jardins publics**. Sans compter la petite **île San Pietro**, hors du temps, ancien siège épiscopal de Venise.

Dorsoduro (B, C)
Quartier longiligne auquel fait face l'**île de la Giudecca**, Dorsoduro incarne la *dolce vita* à la vénitienne. Entre le **Campo Santa Margherita**, QG des étudiants, et les terrasses des quais des **Zattere**, cafés et glaciers jalonnent le passage d'un musée à l'autre : des peintures de l'**Accademia** aux toiles modernes de la **fondation Peggy Guggenheim**. Tout au bout, la théâtrale **basilique de la Salute** et la **Dogana di Mar** regardent vers le bassin de Saint-Marc. Investi par les hôtels, les musées et les résidents étrangers, le moins peuplé des *sestieri* offre des façades soignées et des rues désertes à la nuit tombée.

San Polo (D)
Il forme, avec Santa Croce, l'ouïe de la ville-poisson. Cœur du *sestiere*, foyer des activités marchandes sous la République, le **Rialto** aimante les touristes. Les ruelles qui conduisent au célèbre pont, coiffé d'un portique qui abrite quelques boutiques, témoignent de la vocation marchande du quartier. Vers l'ouest, la physionomie de San Polo porte l'empreinte du pouvoir religieux (**Frari**) et des grandes confréries (**San Rocco**).

Santa Croce (D)
Au nord-ouest de la ville, ce *sestiere* présente deux visages : à l'est, une Venise mineure, plus opulente près du Grand Canal avec la **Ca' Pesaro** ou le **Palazzo Mocenigo** ; à l'ouest, un aspect plus industriel vers le Piazzale Roma et la gare maritime, construits sur des terrains gagnés sur la lagune pour y installer des infrastructures lourdes.

Cannaregio (E)
Premier *sestiere* que l'on découvre en arrivant par le train, il forme la nageoire dorsale du poisson. Derrière la longue artère toujours bondée de la **Strada Nova**, qui traverse le quartier d'ouest en est, Cannaregio offre une image encore industrieuse, avec un strict quadrillage urbain, défini au XVe s. après de tardives opérations d'assainissement. À l'ouest, le Ghetto, triste enclave où furent confinés les juifs, avec ses maisons bien plus hautes qu'ailleurs... Vers l'est, les **Fondamente Nove**, d'où la vue embrasse la lagune nord et l'île de San Michele, sont propices à la balade. Cannaregio accueille un tiers de la population de la ville.

MARCHÉ DE LA PESCHERIA

Se repérer à Venise

A Piazza San Marco / Castello (ouest)
B San Marco / Dorsoduro (est)
C Dorsoduro (ouest)
D San Polo / Santa Croce
E Cannaregio / Ghetto Ebraico
F Castello (est)

A

Piazza San Marco / Castello (ouest)

Place Saint-Marc, millénaire et mythique, porte d'entrée de la Sérénissime. Siège du pouvoir économique, politique et religieux, conçue pour exalter la richesse de l'empire, elle arbore les plus prestigieux édifices de Venise : le palais des Doges, la basilique Saint-Marc... Il faut grimper au sommet du Campanile pour jouir de la vue sur ce décor de théâtre. En bas, le célébrissime pont des Soupirs. De là, un dédale de ruelles conduit au Campo Santa Maria Formosa, bordé de somptueux palais. Plus au nord, le Campo Santi Giovanni e Paolo et ses splendeurs : la basilique du même nom et la Scuola Grande di San Marco.

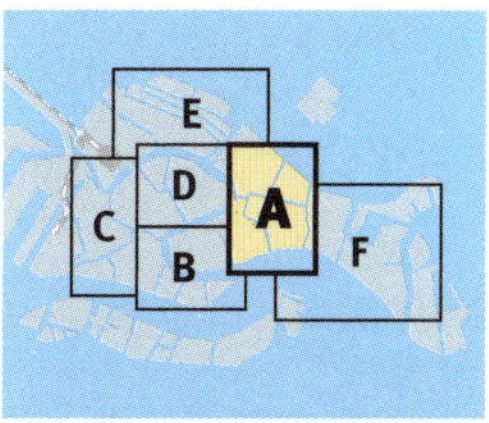

ROSTICCERIA SAN BARTOLOMEO

GRAND CANAL

RESTAURANTS

Rosticceria San Bartolomeo A3 1
→ *San Marco 5424 Calle della Bissa Tél. 041 522 35 69 Tlj. 9h-21h30*
Depuis 1930, les Vénitiens se pressent dans cette cantine populaire pour savourer, au comptoir ou à table, de généreuses portions de mets locaux. À emporter pour les petits creux : la *mozzarella in carrozza* (panée), un régal ! Plat 4 (friture)-24€.

Al Giardinetto da Severino C4 2
→ *Castello 4928 Salizzada Zorzi Tél. 041 528 53 32 Ven.-mer. 12h-15h, 19h-22h*
Dans le patio à l'ombre d'une vigne grimpante ou sous la voûte d'un palais du XVe s., la cuisine vénitienne déploie toutes ses merveilles, dont la *castradina* (mouton séché et fumé). Plat 10-22€.

Da Carla A5 3
→ *San Marco 1535/A Corte Contarina Tél. 041 523 78 55 Lun.-sam. 12h-16h, 18h30-22h30* ***Bar*** *9h-22h30 Fermé 3 sem. en jan.*
Une adresse dans une ruelle calme, à quelques pas de la place Saint-Marc. Cette ancienne *osteria* propose désormais une cuisine créative et raffinée, comme ce cochon de lait aux betteraves, chicorée et fleurs. Terrasse. *Primi* 17-18€, *secondi* 25-34€.

Da Alvise C1 4
→ *Cannaregio 5045/A Fondamente Nove Tél. 041 520 15 15 Mar.-dim. 12h-14h, 19h-22h Fermé nov.-fév.*
Les pizzas de cette trattoria vénitienne se croquent au bord de la lagune, sur une terrasse face à l'île San Michele. Pizza 8-22€.

Alle Testiere B4 5
→ *Castello 5801 Calle del Mondo Novo Tél. 041 522 72 20 Mar.-sam. 12h30-14h, 19h-22h Fermé Noël-10 jan. et août*
Tout ce que l'on attend d'un restaurant vénitien de qualité ! Du poisson de la lagune superbement cuisiné (tester aussi les raviolis aux petites crevettes), une salle intime (une vingtaine de places) et une excellente carte des vins. Très prisé des habitants. Plat 22-30€.

Grand Canal A6 6
→ *Hôtel Monaco San Marco 1325 Calle Vallaresso Tél. 041 520 02 11 Tlj. 12h30-14h30, 19h30-22h30*
L'une des plus belles terrasses de Venise, ouverte sur le Grand Canal. Cadre chic à la hauteur de la cuisine : tartare d'espadon, pâtes aux

BASILICA DI SAN MARCO

PALAZZO DUCALE

PONTE DEI SOSPIRI

▲ Plan D

CAMPANILE

MUSEO CORRER

★ Basilica di San Marco B5

→ *Pâques-oct. : tlj. 9h30 (14h dim.)-17h ; nov.-Pâques : lun.-sam. 9h30-17h, dim. 14h-16h30*

Symbole de l'influence byzantine à Venise, la basilique aux cinq dômes fut érigée au XIe s. pour abriter les reliques de saint Marc, rapportées d'Égypte en 828. Les ajouts successifs s'y sont fondus en une savante symbiose architecturale. À l'intérieur, le pavement de marbre, les statues et les mosaïques murales éblouissent. Tout comme la *Pala d'Oro* du XIVe s., retable orné de pierres précieuses. Voir aussi p. 2.

★ Palazzo Ducale B5

→ *Tél. 041 271 59 11*
Tlj. 8h30-21h (19h nov.-mars ; 23h ven.-sam. avr.-oct.)
***Visites guidées** Rés. sur www.visitmuve.it ou sur place la veille*

Le palais des Doges, emblème de la République et joyau de l'architecture gothique (XIVe-XVIe s.) ! De cette résidence du doge, ancien siège des instances politiques et judiciaires, on visite la cour et les salles ornées de toiles de maîtres : le Tintoret (*Le Paradis* notamment, l'une des plus grandes du monde !), Véronèse, Palma le Jeune... Visites guidées : "Itinéraires secrets" pour découvrir les prisons et les combles ; "Trésors cachés des Doges" ouvre les portes des pièces privées. Voir aussi p. 3.

Ponte dei Sospiri B5

Loin d'être romantiques, les soupirs du célèbre pont sont ceux des prisonniers qui, passant des tribunaux aux cachots, entrevoyaient la lagune pour la dernière fois. Il se traverse toujours lors de la visite du palais des Doges.

★ Campanile B5

→ *Pâques-sep. : tlj. 8h30-20h45 ; oct. : tlj. 9h30-17h45 ; nov.-Pâques : tlj. 9h30-16h30 8€*

Vue exceptionnelle sur Venise et sa lagune, du haut du campanile (99 m), érigé au XIIe s. sur une ancienne tour de guet, puis modif au XVIe s. Écroulé en 190 il a été rebâti à l'identiq en 1912.

★ Museo Correr A5

→ *Piazza San Marco, 52*
Tél. 041 240 52 11 Avr.-oct. : 10h-19h ; nov.-mars : tlj. 10

Voué à l'histoire de Veni ce musée dévoile une galerie de peintures des XIIIe-XVIe s. et une riche section d'art néoclassiq Pour le même billet, la v se prolonge dans le Mu Archeologico, puis dans Libreria Sansoviniana (1 ancienne bibliothèque l'État vénitien, conçue p J. Sansovino : somptueu plafonds peints par Titie

ISOLA DI MURANO
FOND. SERENELLA
RIO D. VETRAI
CALLE MIOTTI
CANALE DEI MARANI
CANALE DELLE NAVI
S. MICHELE
CIMITERO
ISOLA DI S. MICHELE
FONDAMENTE NOVE
A
CHIESA SANTA MARIA DEI MIRACOLI
BASILICA DEI SANTI GIOVANNI E PAOLO
F
S. FRANCESCO D. VIGNA
S. MARIA FORMOSA
SALVADOR
R. DI S. SEVERO
S. LORENZO
R. DI S. LORENZO
SCUOLA DI S. GIORGIO D. SCHIAVONI
DARSENA GRANDE
CAN. DI P.TA NUOVA
CHIESA DI SAN PIETRO DI CASTELLO
CASTELLO
ICA DI MARCO
PONTE DEI SOSPIRI
LA PIETÀ
TORRI D. ARSENALE
CASTELLO
CAN. DI S. PIETRO
ISOLA DI S. PIETRO
AZZA MARCO
RIVA DEGLI SCHIAVONI
CORDERIE
C.o di Ruga
PALAZZO DUCALE
MUS. STORICO NAVALE
PAL. D. SPORT
R. D. TANA
VIA GARIBALDI
RIO DI QUINTAVALLE
BACINO DI S. MARCO
RIVA D. 7 MARTIRI
LA MARINARESSA
SECCO MARINA
R. DI S. GIUSEPPE
RIO D. GIARDINI
A
RIA
UTE
BACINO
S. GIORGIO MAGGIORE
ISOLA DI SAN GIORGIO MAGGIORE
RIVA D. PARTIGIANI
CANALE DI S. MARCO
BIENNALE INTERNAZIONALE D'ARTE
VIALE
STADIO S. ELENA
EX CONVENTO ZITELLE
CAN. DELLA GRAZIA
ISOLA DI S. ELENA
HOTEL CIPRIANI
TEATRO VERDE
S. ELENA
PIAVE
V.LE IV NOVEMBRE
V.LE VITT. VENETO

B

San Marco / Dorsoduro (est)

San Marco, berceau de l'aristocratie, ne se limite pas à sa sublime place : parcourir ses *campi* permet de le découvrir. D'abord, le Campo San Luca, non loin du Rialto. Puis San Fantin, plus intime. Enfin, Santo Stefano et San Vidal, carrefours du quartier. De là, il n'y a qu'un pas jusqu'au pont de l'Accademia, avec son arche en bois unique à Venise. Au sud, Dorsoduro prend la relève. Les musées d'exception s'y égrènent le long du Grand Canal : Gallerie dell'Accademia, collection Guggenheim et, vers l'embouchure, dominée par la majestueuse Salute, l'ancienne Douane de mer, confiée à la Fondation Pinault.

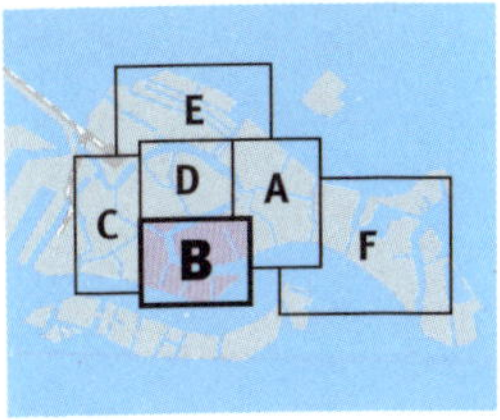

DA FIORE

LINEA D'OMBRA

RESTAURANTS

All' Angolo D2 🍴1
→ *San Marco 3464*
Campo Santo Stefano
Tél. 041 522 07 10
Lun.-sam. 6h30-21h
Le rendez-vous des employés qui travaillent aux alentours. Large choix de *tramezzini*, de paninis et de salades pour un verre ou un déjeuner sur le pouce, et petite terrasse face à l'église Santo Stefano. Délicieuses lasagnes ! Plat 3,50-12€.

Da Fiore C2 🍴2
→ *San Marco 3459 et 3461*
Calle delle Botteghe
Tél. 041 523 53 10
Mer.-lun. 9h-22h
Un véritable *bacaro* vénitien reconnu pour ses *cicchetti* : sardines, *frittura mista*, seiche rôtie, le tout arrosé de la très typique *ombra* (ballon de rouge ou de blanc). Pris d'assaut à l'heure de l'apéritif. Ne pas confondre avec le restaurant voisin (même maison), moins agréable. Plat 5-25€.

Le Bistrot de Venise F1 🍴3
→ *San Marco 4685 Calle dei Fabbri Tél. 041 523 66 51*
Tlj. 12h-15h, 19h-0h
Le service jusqu'à minuit, une rareté à Venise ! Ajoutons à cela un bar à vin, géré par deux maîtres sommeliers, et les trois cuisines du chef : traditionnelle, créative et celle, oubliée, de la Renaissance. Le tout dans un chaleureux décor... *Primi* 20-30€, *secondi* 26-42€.

Ai Gondolieri C3 🍴4
→ *Dorsoduro 366*
Fondamenta Ospedaleto
Tél. 041 528 63 96
Tlj. 12h-15h, 18h30-22h30
À contre-courant de la tradition vénitienne, Ai Gondolieri propose des viandes, servies avec de savoureux légumes de saison, mais aussi des plats végétariens. Cadre élégant et service raffiné. Plat 20-34€.

Linea d'Ombra E4 🍴5
→ *Dorsoduro 19*
Fondamenta Zattere ai Saloni
Tél. 041 241 18 81
Mars-avr., nov. : mer.-lun. 12h-15h, 19h-22h30 ; mai-oct. : tlj. 12h-15h, 19h-22h30
Table chic et design au service d'une cuisine fine et inventive, plutôt orientée vers les produits de la mer : thon gratiné au basilic, raviolis aux langoustes et aux asperges... Quelques plats de viandes et superbe carte des vins. Magnifique terrasse face à l'île de la Giudecca. *Primi* 23-26€, *secondi* 34-39€.

BASILICA DEI SANTI GIOVANNI E PAOLO

CHIESA DI SANTA MARIA DEI MIRACOLI

nèse ou le Tintoret.

Chiesa di Santa ia Formosa C4
astello 5263
sam. 10h30-17h Tarif 3€
horus pass (voir p. 16)
es plus anciens tuaires de Venise, dont ro Codussi utilisa les ations pour rebâtir une e à trois nefs (1492). r, le polyptyque (1523) alma le Vieux (1480-) dédié à sainte Barbe, les traits sont ceux "femme idéale" de la ture vénitienne du XVIe s.

Palazzo Querini-mpalia C4
astello 5252 Campo Santa a Formosa Tél. 041 271 14 11 Mar.-dim. 10h-18h Tarif 14€
Dans ce palais Renaissance, la pinacothèque plonge le visiteur dans l'atmosphère du XVIIIe s., notamment avec une salle entière de peintures de Pietro Longhi (1702-1785). Expositions d'art contemporain. Le jardin, restauré par Carlo Scarpa (1960), se révèle un havre de fraîcheur.

★ Scuola Grande di San Marco C2
→ *Castello 6768*
Campo Santi Giovanni e Paolo
Mar.-sam. 9h30-17h30 Ouvert 1er dim. du mois Tarif 5€
La façade asymétrique, avec son large portail en saillie, ses trompe-l'œil et ses incrustations de marbre, contribue au prestige du *campo*, jadis appelé delle Maravege ("des Merveilles"). Fondée en 1260 comme institution caritative, la *scuola* abrite aujourd'hui un hôpital et un musée de la médecine.

★ Basilica dei Santi Giovanni e Paolo C3
→ *Castello 6363*
Tél. 041 523 59 13
Tlj. 9h (12h dim.)-18h Tarif 3,50€
Subtile alliance de brique rouge et de pierre blanche, voici la plus grandiose expression du gothique sacré à Venise, avec l'église des Frari. Édifiée au XIIIe s. par les Dominicains, elle est devenue panthéon de la cité au XVe s. Les plus grands artistes y ont sculpté les tombeaux de 25 doges et d'autres personnalités. Nombreux tableaux de Bellini, Lotto, Véronèse... Voir aussi p. 4.

★ Chiesa di Santa Maria dei Miracoli B2
→ *Lun.-sam. 10h30-16h30*
Tarif 3€ ou Chorus pass (voir p. 16)
Un bijou de la Renaissance (1481-1489) dû à Pietro Lombardo. Sa façade, chef-d'œuvre de marqueterie, est incrustée de médaillons de marbre polychrome tandis que,sous la nef, la lumière magnifie reliefs, bas-reliefs et caissons peints de la voûte.

CHIESA DI SANTA MARIA FORMOSA

PALAZZO QUERINI-STAMPALIA

SCUOLA GRANDE DI SAN MARCO

▶ Plan E

▼ Plan F

'ICH

HARRY'S BAR

GIACOMO RIZZO

langoustines… Tenue correcte exigée (pas de short). Plat 22-42€.

GLACIERS, CAFÉS, BARS

La Boutique del Gelato B3 7
→ *Castello 5727 Salizzada San Lio Tél. 041 522 32 83*
Mi-avr.-sep. : tlj. 10h30-23h ; oct.-mi-avr. : tlj. 10h30-20h30
L'un des glaciers favoris des Vénitiens ! *Fior di latte*, tiramisu, *nocciola, gianduia, stracciatella* : des parfums aussi évocateurs que divins…

Rosa Salva C3 8
→ *Castello 6779 Campo Santi Giovanni e Paolo Tél. 041 522 79 49*
Tlj. 8h (8h30 dim.)-20h
Derrière une façade rétro, Rosa Salva confectionne tous les *dolci* vénitiens et des glaces artisanales. Terrasse sur le *campo*. D'autres adresses en ville.

Didovich B3 9
→ *Castello 5908/5909 Campo Santa Marina Tél. 041 523 00 17*
Lun.-sam. 7h-19h30
Une pâtisserie et ses douceurs à avaler au comptoir ou au salon de thé avec terrasse. Dans la vitrine, gâteaux et tartelettes diverses, *pizzette* et tartes salées pour la petite restauration du midi.

Caffè Florian A5 10
→ *Piazza San Marco (Procuratie Nuove) Tél. 041 520 56 41*
Avr.-mi-nov. : tlj. 9h-0h ; mi-nov.-mars : lun.-jeu. 10h-21h, ven.-dim. 9h-23h (21h dim.)
Le café historique de la place Saint-Marc, installé sous les arcades depuis 1720. Splendide, cher, mais incontournable : y prendre au moins un café (servi sur plateau d'argent !). Concerts classiques en terrasse (sauf en hiver).

Zanzibar B4 11
→ *Castello 5840 Campo Santa Maria Formosa Tél. 345 942 39 98*
Mars-oct. : tlj. 8h-2h ; nov.-fév. : lun.-sam. 8h-21h
Un minuscule bar aux tons acidulés apprécié de la jeunesse locale. Terrasse au bord de l'eau, sur le Campo Santa Maria Formosa.

Harry's Bar A6 12
→ *San Marco 1323 Calle Vallaresso Tél. 041 528 57 77*
Tlj. 10h30-23h
Une institution au charme suranné, où se côtoient touristes et notables. Fidèle à sa légende, Hemingway y a concocté son cocktail, le Montgomery : 15 doses de gin arrosées d'une lampée de Martini. Autre spécialité, le Bellini, doux mélange de prosecco et de purée de pêches fraîches.

SHOPPING

Venini B5 13
→ *San Marco 314 Piazzetta dei Leoncini Tél. 041 522 40 45*
Lun.-sam. 10h-19h, dim. 10h30-18h30
Parmi les plus belles créations en verre soufflé de Murano. Lampes, lustres et vases aux couleurs vives et aux formes avant-gardistes. Collaborations avec des designers de renom.

Luigi Valese A4 14
→ *San Marco 793 Calle Fiubera Tél. 041 522 72 82*
Tlj. 10h30-19h
Cette famille de fondeurs vénitiens produit les lanternes de la ville, les poignées de l'hôtel Gritti et les chandeliers de la Maison Blanche !
Petites ornementations de bronze dans la boutique, et réalisations sur commande.

Giuliana Longo A4 15
→ *San Marco 4813 Calle del Lovo Tél. 041 522 64 54*
Lun.-sam. 10h-19h
La famille Longo officie dans les chapeaux depuis 1902. Giuliana fabrique les couvre-chefs des gondoliers (en paille ou en laine) et propose une superbe sélection de panamas.

VizioVirtù B3 16
→ *Castello 5988 Calle Forneri Tél. 041 275 01 49 Tlj. 10h-19h*
Fermé dim. juin-août
Le chocolat dans tous ses états : rondelles d'oranges confites ou de kiwis enrobées, dragées, fondues ou tasses d'épais chocolat chaud.

Giacomo Rizzo A3 17
→ *Cannaregio 5778 Salizzada San Giovanni Grisostomo Tél. 041 522 28 24 Lun.-sam. 8h30-13h, 15h30-19h30*
Le temple des pâtes artisanales de toutes les couleurs et de toutes les saveurs : artichaut, curry, piment, saumon fumé, cacao amer, myrtilles…
Un incontournable depuis quatre générations.

Gianni Basso B1 18
→ *Cannaregio 5306 Calle del Fumo*
Tél. 041 523 46 81 Lun.-ven. 9h-13h, 14h-18h ; sam. 9h-12h
Fermé 3 sem. en août
Cette imprimerie est un véritable musée. Gianni Basso et son fils y confectionnent depuis plus de 30 ans des cartes de visite, des ex-libris, du papier à lettres et à en-tête pour le monde entier… sur des machines de l'époque de Gutenberg !

.IN

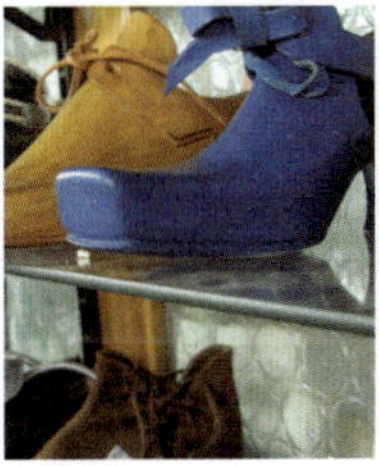

SEGALIN

LE FORCOLE

GLACIERS, BARS

Gelati Nico A4 6
→ *Dorsoduro 922 Fondamenta Zattere ai Gesuati Tél. 041 522 52 93 Mai-sep. : tlj. 7h-23h ; oct.-avr. : tlj. 7h-21h Mi-nov.-jan. : fermé jeu.*
Au milieu des paisibles Zattere, belle terrasse avec vue pour ce glacier renommé. Notre parfum préféré : *gianduiotto* (chocolat, noisettes et chantilly) !

Paolin C2 7
→ *San Marco 2962 Campo Santo Stefano Tél. 041 522 55 76 Tlj. 9h-0h*
Ce café-glacier déploie son agréable terrasse sur le Campo Santo Stefano : une situation idéale pour déguster l'un des meilleurs cappuccinos de la ville !

Da Gino C3 8
→ *Dorsoduro 853/A Calle Sant'Agnese Tél. 041 528 52 76 Tlj. 6h30-0h*
Étudiants de l'École des beaux-arts et touristes se mêlent joyeusement dans ce café de quartier. Sympa pour prendre un verre et grignoter une *bruschetta*. Accueil souriant.

Al Volto E1 9
→ *San Marco 4081 Calle Cavalli Tél. 041 522 89 45 Tlj. 10h-15h, 18h-22h*
Dans une ruelle calme et ombragée, une *enoteca* au plafond couvert d'étiquettes de crus italiens. *Cicchetti* variés, bières pression et vins.

Osteria Al Squero A3 10
→ *Dorsoduro 943-944 Fondamenta Nani Tél. port. 335 600 75 13 Lun.-mar., jeu.-ven. 11h-16h, 17h30-20h30 ; w.-e. 11h-21h30*
On sirote son *spritz* dans un verre en plastique mais cela permet de boire dehors, assis sur le muret faisant face au chantier de réparation de gondoles de San Trovaso. Parfaite sélection de *cicchetti*.

The Restaurant C1 11
→ *San Marco 3247 Ramo Grassi Tél. 041 528 46 44 Tlj. 7h-0h*
Niché au cœur de l'hôtel tendance Palazzina G et décoré par Starck, ce bar est le spot de la jeunesse dorée vénitienne. Plein à craquer pendant la Mostra !

SHOPPING

Stefania Fescina F1 12
→ *San Marco 4458 Calle dei Fuseri Tél. 041 520 78 82 Lun.-sam. 10h30-13h (horaires variables)*
En plein quartier des Mercerie, Stefania Fescina compose de somptueux bijoux avec d'anciennes perles de Murano. On s'arrête bien volontiers dans sa boutique-atelier pour la regarder travailler et discuter... de Venise !

Segalin F1 13
→ *San Marco 4365 Calle dei Fuseri Tél. 041 522 21 15 Lun.-ven. 10h30-13h30, 15h30-18h30 ; sam. 10h-13h*
Dans cet atelier fondé en 1932, Daniela Ghezzo confectionne les plus extravagants modèles de chaussures de Venise !

Zacaria's E2 14
→ *San Marco 1920 Calle della Fenice Tél. 041 521 13 29 Avr.-oct. : lun.-sam. 9h30-18h30 ; nov.-mars : lun.-sam. 10h-18h30*
Des tableaux originaux et colorés réalisés à partir de collages de rubans, tissus et perles de Murano ; ils représentent personnages de carnaval, gondoles ou palais vénitiens. Aussi : sacs, cahiers et bijoux.

Il Prato E2 15
→ *San Marco 2456/9 Calle delle Ostreghe Tél. 041 523 11 48 Lun.-sam. 10h-19h30, dim. 11h-19h*
Papier artisanal, carnets, albums, mais surtout de beaux objets façonnés en verre de Murano. Il Prato représente les grands maîtres verriers : Vivarini, NasonMoretti, etc.

Alberto Valese-Ebrù D2 16
→ *San Marco 3471 Campo Santo Stefano Tél. 041 523 88 30 Lun.-sam. 10h-13h30, 14h30-19h ; dim. 11h-18h*
Depuis 1980, Alberto Valese produit dans son atelier un beau papier marbré fabriqué "à la cuve", vendus en feuilles ou décliné sous forme d'agendas, de marque-pages, de crayons...

Chiarastella Cattana C1 17
→ *San Marco 3216 Salizzada San Samuele Tél. 041 522 43 69 Lun.-sam. 11h-19h*
Linge de maison de qualité : torchons épais, colorés et finement rayés, coussins brodés dans des nuances pastel... L'élégance à tous les prix.

Le Forcole D4 18
→ *Dorsoduro 341 Fondamenta Soranzo della Fornace Tél. 041 522 56 99 Lun.-sam. 9h-13h, 14h-18h*
La *forcola* est le morceau de bois qui permet de maintenir la rame sur les gondoles. Saverio Pastor est l'un des derniers tenants de cet artisanat vénitien. Pièces en vente à l'atelier, où l'on peut le voir travailler.

PALAZZO GRASSI

CA' REZZONICO

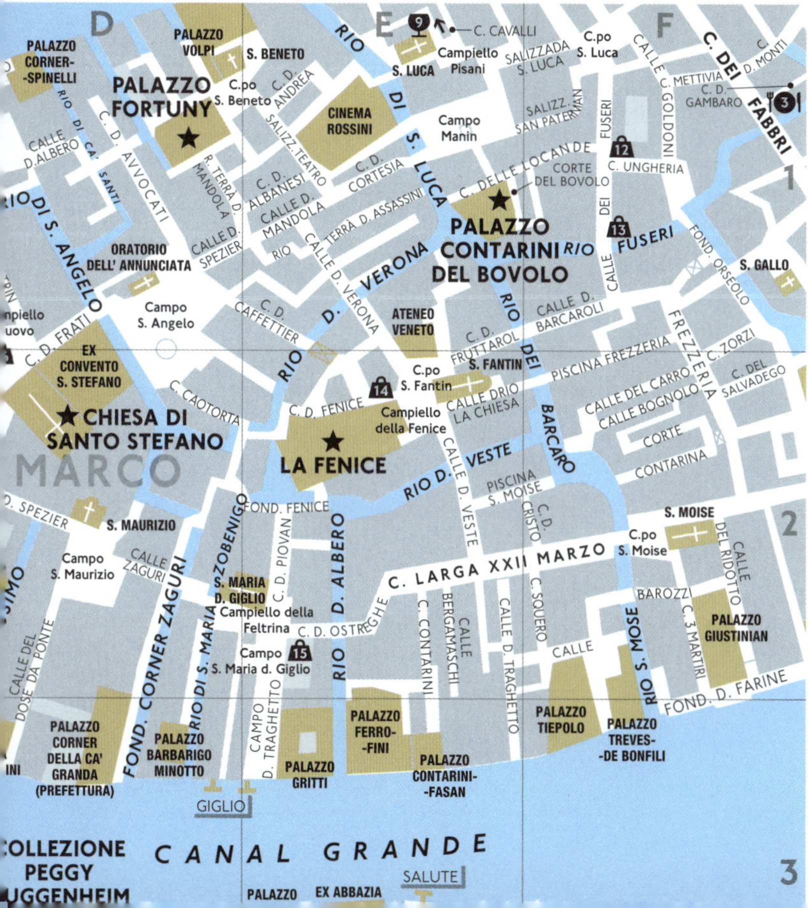

LUTE

PUNTA DELLA DOGANA

tien, il conserve le de l'époque : verres, elaines, tapisseries obilier. Une salle est acrée à Pietro Longhi 2-1785), une autre à la aitiste Rosalba Carriera 5-1757). Voir aussi p. 9.

Gallerie 'Accademia B3

orsoduro 1050 Campo Carità Tél. 041 522 22 47 h15-19h15 (14h lun.)

ptionnel panorama peinture vénitienne, ve au XVIIIe s., le plus plet au monde : Titien, nèse, Tiepolo, Bellini, , le Tintoret... Instituée 307, cette pinacothèque ait de galerie d'étude aux élèves de l'École des beaux-arts. Voir aussi p. 5.

★ Chiesa dei Gesuati B4

→ *Dorsoduro 909 Fondamenta Zattere ai Gesuati Tél. 041 275 04 62 Lun.-sam. 10h30-16h30*

L'un des plus beaux décors rococo de Venise. Au plafond, quatre fresques (1737-1739) de G. B. Tiepolo rivalisent de virtuosité. C'est aux Dominicains que l'on doit cette église (1724-1736) à la façade d'inspiration palladienne.

★ Collezione Peggy Guggenheim D3

→ *Dorsoduro 701 Calle San Cristoforo Tél. 041 240 54 11 Mer.-lun. 10h-18h Tarif 15€*

Une collection d'art moderne majeure, rassemblée par l'excentrique Peggy Guggenheim dans le palais inachevé Venier dei Leoni (1748), où elle vécut 30 ans. Œuvres de Dalí, Kandinsky, Calder, Bacon, Pollock, Picasso... Voir aussi p. 6.

★ La Salute E3

→ *Dorsoduro 1 Campo della Salute Tél. 041 274 39 28 Tlj. 9h30-12h, 15h-17h30*

À l'embouchure du Grand Canal, la plus imposante expression du baroque vénitien (1631-1687, B. Longhena), édifiée en hommage à la Vierge, à qui l'on attribue l'éradication d'une épidémie de peste ravageuse. La façade, ornée de 125 statues, fait écho à un intérieur riche en tableaux de maîtres : Titien, le Tintoret, Palma le Jeune... Voir aussi p. 7.

★ Punta della Dogana F3

→ *Dorsoduro 2 Campo della Salute Tél. 041 240 13 08 Mer.-lun. 10h-19h*

Dans les gigantesques entrepôts de la pointe de la Douane (XVIIe s.), cet espace de la Fondation Pinault (2009) accueille des expositions d'art contemporain qui font l'événement !

CAMPO SAN BARNABA

CHIESA DI SAN TROVASO

★ **Chiesa di San Pantalon** D3
→ *Dorsoduro 3703 Campo San Pantalon Tél. 041 272 86 11 Lun.-sam. 10h-12h30, 15h30-18h (19h mar., jeu., sam.) ; dim. 9h-12h30, 15h30-18h*
Il fallut 24 ans (1680-1704) à Gian Antonio Fumiani pour élaborer cet étourdissant plafond en trompe-l'œil qui prolonge les éléments architecturaux de la nef. 40 panneaux réunis constituent l'une des plus vastes peintures sur toile au monde (440 m²), illustrant le martyre de saint Pantaléon.

★ **Scuola Grande dei Carmini** C4
→ *Dorsoduro 2617 Campo Santa Margherita Tél. 041 528 94 20 Tlj. 11h-17h*
La célébrité de cette *scuola* de carmélites vient du superbe plafond peint par Giambattista Tiepolo entre 1739 et 1749 : au centre, Notre-Dame du Carmel ; autour, représentation des Vertus et de scènes de la vie de la Vierge.

★ **Chiesa dei Carmini** C5
→ *Dorsoduro Campo dei Carmini Tél. 041 522 65 53 Lun.-sam. 14h30-17h30*
Une église particulièrement composite : façade Renaissance, nef au décor baroque et traces de gothique dans le chœur. À voir, une série de peintures relatant l'histoire des Carmes et un retable de Lorenzo Lotto, *Saint Nicolas entre saint Jean Baptiste et sainte Lucie* (1529), au paysage étonnant de vérité.

★ **Campo San Barnaba** D5
Très fréquenté, ce *campo* répond aux plus anciennes dispositions du genre : rectangle délimité par l'église et bordé d'un *rio*. Le campanile, intact depuis le XIe s., dresse une originale flèche de forme conique, ajoutée au XIVe s. À deux pas, le Ponte d[e] Pugni, terrain de lutte [des] deux factions rivales (l[es] Nicolotti et les Castella[ni]) qui s'affrontaient ici, a[ux] poings, jusqu'au XVIIIe sous les cris du public. Des empreintes de pie[ds] gravées montrent la position des lutteurs. Marché flottant le mati[n].

★ **Chiesa di San Trovaso** D6
→ *Dorsoduro 1098 Rio San Trovaso Lun.-sam. 8h 14h30-17h30 ; dim. 8h-11*
Deux façades classique[s] identiques pour une mê[me] église ? Paroisse comm[une à] deux clans ennemis, il l[ui] fallait bien deux entrée[s]

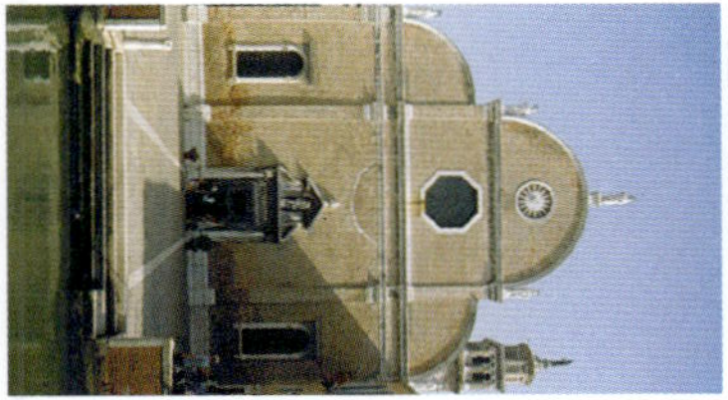

SCUOLA GRANDE DEI CARMINI

CHIESA DI SAN PANTALON

C
Dorsoduro (ouest)

Dorsoduro, ou l'un des plus vastes quartiers de Venise, l'un des plus variés aussi. Pour preuve, le Campo Santa Margherita, truffé de restaurants et de bars populaires prisés en soirée, et le Campo San Barnaba, résolument commerçant, qui côtoient le paisible quai Briati. Au sud, les larges quais des Zattere se déploient en l'une des plus belles promenades de la cité, avec l'île de la Giudecca en point de mire. Et, tout au nord, aux portes de la ville, le pont – controversé – de l'Espagnol Santiago Calatrava relie la gare ferroviaire Santa Lucia et la station de bus du Piazzale Roma.

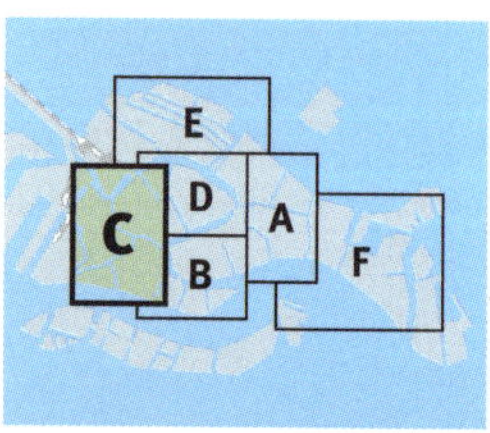

OSTERIA AI ARTISTI

ONIGA

RESTAURANTS

Bigoi D4 1
→ *Dorsoduro 3829 Crosera San Pantalon Tél. 041 525 60 90 Tlj. 11h30-22h (21h30 en hiver)*
À emporter ou à déguster sur place à un comptoir, des plats de *bigoi* ("bigoli" en italien), sorte de gros spaghettis typiques de Vénétie, avec garniture au choix. Portion 5-6,50€.

Osteria Alla Bifora C4 2
→ *Dorsoduro 2930 Campo Santa Margherita Tél. 041 523 61 19 Tlj. 12h-1h*
Une pittoresque *osteria* où l'on déguste carpaccios de poisson fumé, *sarde in saor* (sardines marinées) ou copieuses planches de fromage et charcuterie. Terrasse sur le *campo*. *Primi* ou planches 7-15€, assortiment de *cicchetti* 20€

Al Vecio Marangon D5 3
→ *Dorsoduro Calle della Toletta Tél. 041 277 85 54 Tlj. 12h-15h30, 18h-23h (fermé mer. mi-nov.-fév.)*
Un tout petit restaurant niché dans une ancienne menuiserie. Lumières douces, bougies en terrasse, service attentif et plats exquis inspirés de toute l'Italie, accompagnés d'un bon *vino della casa*. Plat 13-20€.

Estro D3 4
→ *Dorsoduro 3778 Crosera San Pantalon Tél. 041 476 49 14 Mer.-lun. 12h-22h15*
Poutres apparentes et étagères parées de bouteilles, dans cet élégant bar à vin (400 références) fréquenté par les étudiants de l'université voisine. Au menu, *focaccia* garnie, lasagnes ou tartare de bœuf... Parfait pour un apéritif dînatoire. *Primi* 20€, *secondi* 28-30€.

Osteria ai Artisti D5 5
→ *Dorsoduro 1169/A Fondamenta della Toletta Tél. 041 523 89 44 Mar.-sam. 12h45-14h30, 19h-23h Fermé 2 sem. en août*
Un lieu romantique à souhait pour savourer une cuisine tout en finesse, à base de produits de saison. Le chef japonais travaille le poisson frais comme personne ! *Primi* 15-19€, *secondi* 28-30€.

Oniga D5 6
→ *Dorsoduro 2852 Campo San Barnaba Tél. 041 522 44 10 Jan.-fév. : mer.-lun. 12h-14h30, 19h-22h30 ; mars-déc. : tlj. 12h-14h30, 19h-22h30*
Ici, les recettes locales sont revisitées avec fantaisie, et en bio ! Dans un décor de chalet cosy... Plat 15-24€.

Riviera C6 7
→ *Dorsoduro 1473*

LO

IL CAFFÈ ROSSO

ANNELIE PIZZI E RICAMI

Fondamenta Zattere Ponte Lungo Tél. 041 522 76 21 Nov.-mars : ven.-mar. 12h30-15h, 19h-22h30 ; avr.-oct. : jeu.-mar. 12h30-15h, 19h-22h30 (seulement le soir mi-juil.-août)
Avec sa terrasse élégante face à la Giudecca et son menu sophistiqué, Riviera est l'adresse des grandes occasions. Réservation impérative. Menu 65-105€.

PÂTISSERIE, CAFÉS, BARS, JAZZ-CLUB

Tonolo D3 8
→ *Dorsoduro 3764 Calle San Pantalon Tél. 041 523 72 09 Mar.-dim. 7h45-20h (13h dim.)*
Cohue fréquente dans cette pâtisserie réputée, où les Vénitiens viennent avaler un *caffè* au comptoir, avec un gâteau à la crème, aux fruits, au fromage ou au chocolat... Goûter les *frittelle* pendant le carnaval, de délicieux beignets saupoudrés de sucre.

Il Caffè Rosso C4 9
→ *Dorsoduro 2963 Campo Santa Margherita Tél. 041 528 79 98 Lun.-sam. 7h-1h*
Impossible de passer à côté de cette institution, qui doit son nom à sa devanture rouge. Autour d'un vieux comptoir, on y prend un cappuccino le matin, ou un sandwich à midi. À l'heure de l'apéritif, la terrasse sur la place est prise d'assaut.

Al Bottegon D6 10
→ *Dorsoduro 992 Fondamenta Nani Tél. 041 523 00 34 Lun.-sam. 8h-20h*
Une *cicchetteria* connue dans toute la ville sous le nom de "Cantinone Già Schiavi". Au bord d'un canal, juste devant un pittoresque pont de pierre, on y croise le Tout-Venise autour d'un verre de vin et de gargantuesques paninis.

El Chioschetto C6 11
→ *Dorsoduro 1406 Fondamenta Zattere Ponte Lungo Tél. 348 396 84 66 Mars-juin : tlj. 9h-22h ; juil.-août : tlj. 9h-1h ; sep.-oct. : tlj. 9h-21h ; nov. : 9h-17h*
Minuscule kiosque et vaste terrasse peuplée d'étudiants face à l'île de la Giudecca. Idéal le matin pour profiter du soleil au bord de l'eau, ou pour s'attarder en fin de journée autour d'un verre et de quelques *cicchetti*.

Venice Jazz Club C5 12
→ *Dorsoduro 3102 Fondamenta del Squero Tél. 041 523 20 56* ***Bar*** *à partir de 19h* ***Concert*** *21h-23h www.venicejazzclub.com*
Ambiance feutrée, petites tables rondes postées face à la scène, lumières subtilement tamisées : un vrai jazz-club, où la programmation explore aussi le blues, la bossa-nova, etc.

SHOPPING

Annelie Pizzi e Ricami C5 13
→ *Dorsoduro 2748 Calle Lunga San Barnaba Tél. 041 520 32 77 Lun.-sam. 9h30-12h30, 16h-19h30*
Jolie boutique d'un autre temps, tenue par une couturière de talent. Chemises, robes de nuit, linge de maison en dentelle, bourses brodées en soie, sacs cousus de perles et très beau choix de *pizzi* (dentelles anciennes).

Signor Blum D5 14
→ *Dorsoduro 2840 Campo San Barnaba Tél. 041 522 63 67 Tlj. 10h-13h30, 14h30-19h30 (fermé dim. en jan.)*
Pont du Rialto, palais vénitiens, gondoles, puzzles, aimants et mobiles ludiques : une panoplie d'objets en bois, sculptés et peints à la main. Pour petits et grands !

Bressanello Artstudio C5 15
→ *Dorsoduro 3168/B Fondamenta Rezzonico Tél. 348 536 31 75 Lun.-sam. 9h-13h, 15h-19h*
Clichés artistiques en couleur ou noir et blanc, réalisés par Fabio Bressanello. Vendus en rouleaux ou encadrés.

Gualti C5 16
→ *Dorsoduro 3111 Rio Terà Canal Tél. 041 520 17 31 Lun.-sam. 10h-13h, 15h-19h30*
Gualti, créateur de talent, joue avec les matières : de la résine, du verre ou de la soie plissée des étoles, il fait naître accessoires et bijoux aux formes étonnantes !

Ca' Macana D5 17
→ *Dorsoduro 3172 Calle delle Botteghe Tél. 041 277 61 42 Mars-nov. : tlj. 10h-20h ; déc.-fév. : tlj. 10h-18h30 Fermé 25 déc et 1 sem. en jan.*
Quand Mario Belloni commence à créer des masques il y a plus de 30 ans, ils ne sont que deux à le faire à Venise. Ce pionnier a depuis produit une bonne partie de ceux visibles dans *Eyes Wide Shut*. Cours dans l'atelier, Calle del Capeler (**C** D4).

Danghyra D4 18
→ *Dorsoduro 3220 Calle del Capeler Tél. 041 522 41 95 Tlj. 10h-13h, 14h-19h*
Une étincelante collection d'objets en céramique travaillés à la main. Tasses, vases colorés et habillés d'or ou de platine véritable.

SQUERO DI SAN TROVASO

ZATTERE

CHIESA DI SAN SEBASTIANO

▶ Plan D

▼ Plan B/D

CHIESA DELL'ANGELO RAFFAELE

CHIESA DI SAN NICOLÒ DEI MENDICOLI

◄ Plan B

ıctes ! À l'intérieur, beau ·elief Renaissance (*Anges nt les instruments de la on*), toiles du Tintoret et *int Chrysogone* à cheval ambono (XVe s.).

Squero di Trovaso D6
orsoduro 1097 Campo rovaso Tél. 041 522 91 46 sur rdv par mail : osantrovaso@gmail.com
des trois derniers ers de gondoles, en ité depuis le XVIIe s. Ici, brique, répare, nettoie lfate les gondoles nt de surprenants ets en bois imitant ceux adore, région alpine gine des artisans.

★ Zattere C6
Au XVIIe s., les *fondamente*, larges quais pavés (remontant à 1516), servaient à l'accostage du bois arrivant par flottage. L'effervescence du déchargement des radeaux (*zattere*) a fait place à la quiétude des promeneurs.

★ Chiesa di San Sebastiano B5
→ *Dorsoduro 1686 Campo San Sebastiano Lun.-sam. 10h30-16h30 Tarif 3€ ou Chorus pass(voir p. 16)*
Derrière une discrète façade, un cycle de Véronèse aux couleurs éclatantes. En 1555, le *Couronnement de la Vierge*, une des premières commandes passées à l'artiste, vient décorer le plafond de la sacristie. Jusqu'en 1565, Véronèse déploie là son génie, de la nef au chœur. À sa demande, il a été enterré dans l'église.

★ Chiesa dell'Angelo Raffaele B5
→ *Dorsoduro Campo dell'Angelo Raffaele Tél. 041 522 85 48 Lun.-sam. 10h-13h, 15h-17h30 ; dim. 9h-12h*
Autre chef-d'œuvre, celui d'un maître du rococo vénitien, Gianantonio Guardi (1699-1760). Sous un haut plafond, les cinq panneaux du buffet de l'orgue narrent la vie de Tobie (1749) avec une luminosité étonnante.

★ Chiesa di San Nicolò dei Mendicoli A5
→ *Dorsoduro 1907 Campo San Nicolò Tél. 041 275 03 82 Lun.-sam. 10h-12h, 15h-17h30 ; dim. 9h-12h*
Dans l'extrême ouest de Venise, tout le charme d'une architecture simple, rare car romane (XIIe s.). L'église doit sa survie à la pauvreté du quartier et à ses mendiants : sans intérêt pour les riches mécènes, elle a subi peu de transformations. Plan basilical à trois nefs, abside centrale et campanile typiques de l'architecture vénéto-byzantine.

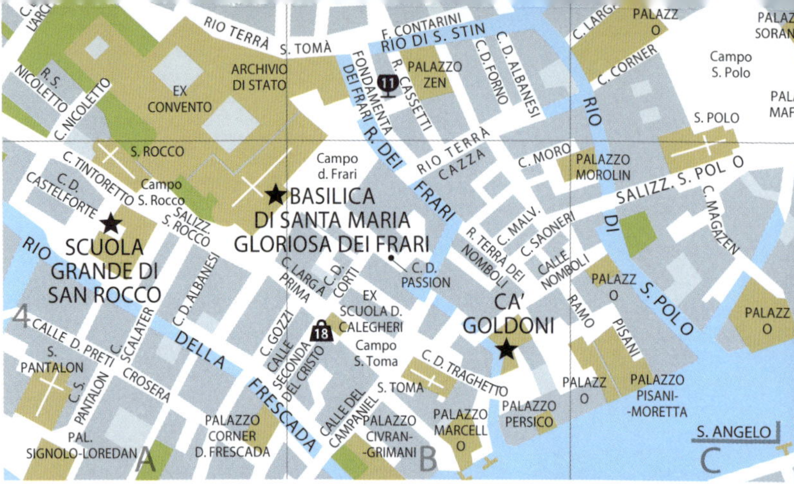

SCUOLA DI SAN GIOVANNI

CHIESA DI SAN GIACOMO DALL'ORIO

CHIESA DI SANTA MARIA MATER DOMINI

★ Ponte di Rialto F3
La première construction de pierre (1591) enjambant le Grand Canal et, jusqu'au XIXe s., l'unique liaison entre les deux rives. L'ambitieux projet du lauréat au nom prédestiné, Antonio Da Ponte, l'emporta sur ceux de Sansovino et de Michel-Ange : 6 000 pilotis pour une arche unique haute de 7,50 m, permettant le passage des galéasses.

★ Mercati di Rialto E3
→ *San Polo Fabbriche Nuove et Campo della Pescaria* ***Fruits et légumes*** *Lun.-sam. 7h-13h* ***Poisson*** *Mar.-sam. 7h-13h*
Jadis cœur névralgique et économique de la cité, où s'échangeaient les marchandises d'Orient et d'Occident, les marchés du Rialto restent une des zones les plus effervescentes de Venise. Plus d'or ni d'épices, mais une activité toujours aussi intense et colorée. Y aller tôt. Voir aussi p. 8.

★ Ca' Goldoni B4
→ *San Polo 2794 Palazzo Centani Tél. 041 275 93 25 Jeu.-mar. : 12h-17h Tarif 5€ ou Museum pass (voir p. 16)*
La maison natale du célèbre dramaturge Carlo Goldoni (1707-1793) abrite un petit musée et un centre de recherche sur le théâtre. Typique palais gothique (XVe s.) pour des collections du XVIIIe s. : théâtre de marionnettes, portraits, manuscrits originaux… Accès par le splendide escalier couvert, avec sa rampe ornée de lions en pierre.

★ Scuola Grande di San Rocco A4
→ *San Polo 3052 Campo San Rocco Tél. 041 523 48 64 Tlj. 9h30-17h30 Tarif 10€*
Riche des donations qu'elle recevait, cette *scuola* joua remarquablement son rôle de mécène : le Tintoret passera 23 ans (1564-1587) à décorer le lieu de 56 œuvres, dont la fameuse *Crucifixion* (1565), l'une des plus belles toiles sacrées de l'école vénitienne.

★ Basilica di Santa Maria Gloriosa dei Frari A4
→ *San Polo 3072 Campo dei Frari Tél. 041 272 86 11 Tlj. 9h (13h dim.)-18h Tarif ou Chorus pass (voir p. 16)*
La plus grande église de Venise (1340-1443), à l'insolite façade de b[…] ponctuée d'ornements de marbre, est devenu[e] le panthéon des gloires de la cité (Titien, Canov[a] et des doges). La supe[rbe] basilique gothique abo[nde] en œuvres d'art : au ce[ntre] le chœur aux stalles de bois sculptées par Cozz[i] des toiles de Giovanni Bellini et Titien (*Retable*

PONTE DI RIALTO

MERCATI DI RIALTO

CA' GOLDONI

À la jonction des quartiers de San Marco à l'est, San Polo à l'ouest et Cannaregio au nord, le Rialto vibre au rythme de la vie marchande de Venise depuis le IXe s. Ici, à l'exception des *traghetti*, qui vont et viennent d'une rive à l'autre, son célèbre pont, reliant les trois *sestieri* voisins, est l'unique moyen de traverser le Grand Canal. À deux pas de ses arcades, le marché du Rialto, palpitant le matin et, tout autour, quelques-uns des plus beaux palais et édifices religieux de la cité. Enfin, si l'on s'éloigne de la foule vers l'ouest, Santa Croce, ponctué de bonnes tables et de terrasses discrètes, coule des jours tranquilles.

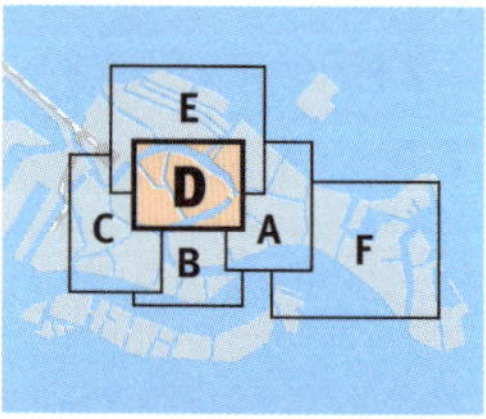

LA ZUCCA

ANTICHE CARAMPANE

RESTAURANTS

Acqua e Mais D4 1
→ *San Polo 1411-1412 Campiello dei Meloni Tél. 041 296 05 30 Tlj. 9h30-20h*
Le *fish and chips* à la vénitienne ! Uniquement à emporter, des cornets de poisson frais grillé ou frit, mais aussi de légumes, polenta, etc. Produits de qualité et prix minuscules assurent le succès de cette enseigne. Portion 3,50-8€.

Al Nono Risorto D2 2
→ *Santa Croce 2338 Sotoportego de Siora Bettina Tél. 041 524 11 69 Tlj. 12h-15h, 18h-22h30 (12h-23h en été)*
Ses pizzas ont fait sa réputation, ses plats variés laissent le choix : *baccalà* (morue) *alla vicentina*, seiches à la polenta... Le plus : le jardin intérieur pour manger au vert à la belle saison. Pizza 6-12€, *primi* 9-18€.

La Zucca C2 3
→ *Santa Croce 1762 Ponte del Megio Tél. 041 524 15 70 Lun.-sam. 12h30-14h30, 19h-22h30*
Pour changer des recettes traditionnelles ! Flan à la citrouille et à la ricotta, fondue de poireaux au gorgonzola, champignons farcis... Cosy. Plat 10-23€.

Naranzaria F3 4
→ *San Polo 130 Campo San Giacometto Tél. 041 724 10 35 Oct.-déc., fév.-Pâques : mar.-dim. 12h30-15h, 19h30-22h30 ; Pâques-sep. : tlj. 12h30-15h, 19h30-22h30*
Une superbe terrasse au bord du Grand Canal, de la charcuterie du Frioul et des vins de Vénétie... pour un restaurant au charme fou. Plat 14-24€.

Antiche Carampane D3 5
→ *San Polo 1911 Rio terrà delle Carampane Tél. 041 524 01 65 Mar.-sam. 12h45-14h30, 19h30-22h30*
Il faut s'engouffrer dans les ruelles pour débusquer cette adresse réputée. Plats raffinés de lotte, de filet de saint-pierre... et cornets de friture de poissons à ne pas rater ! Terrasse en été. *Primi* 22€, *secondi* 23-28€.

Da Fiore C3 6
→ *San Polo 2202/A Calle del Scaleter Tél. 041 72 13 08 Mar.-sam. 12h30-14h30, 19h-22h30*
Le temple de l'art culinaire vénitien, cantine des stars du grand écran durant la Mostra. Loup en papillote et autres délices de poissons. Terrasse en été. *Primi* 33-36€, *secondi* 24-49€ (menu midi 52€).

NA DO MORI

EMILIO CECCATO

ANTICA DROGHERIA MASCARI

GLACIER, PÂTISSERIE, BARS

Gelateria Alaska A2 7
→ *Santa Croce 1159 Calle larga dei Bari Tél. 041 71 52 11 Tlj. 10h30-22h30 (20h30 déc.-jan.)*
Carlo Pistacchi concocte de succulentes glaces artisanales aux parfums classiques ou plus originaux (artichaut, gingembre, carotte, etc.), variant au fil des saisons.

Rizzardini D4 8
→ *San Polo 1415 Campiello dei Meloni Tél. 041 522 38 35 Mer.-lun. 7h-20h*
Avec ses boiseries des années 1920 et ses bocaux de confiseries, cette pâtisserie d'antan est un régal pour les yeux comme pour les papilles. À emporter ou au comptoir, tous les *dolci* vénitiens : *mori* (des sablés géants aux amandes), gâteaux à la ricotta, strudels...

Cantina Do Mori E3 9
→ *San Polo 429 Calle Do Mori Tél. 041 522 54 01 Lun.-sam. 8h-19h30 (17h sam.)*
Doyenne des *bacari* (1462), la "Cave deux Maures" a une histoire, et ça se sent. *Tramezzini* en tout genre et une centaine d'excellents vins *al banco* (au comptoir).

All'Arco E3 10
→ *San Polo 436 Calle dell'Ochialer Tél. 041 520 56 66 Mai-oct. : lun.-sam. 8h-19h (14h30 lun.) ; nov.-avr. : lun.-sam. 8h-14h30*
Comment être tout petit, et proposer moult *cicchetti* et vins au verre ? Le *bacaro* préféré des marchands du Rialto ! Mini-terrasse.

Caffè dei Frari-Mercante B3 11
→ *San Polo 2564 Fondamenta dei Frari Tél. port. 347 829 31 58 Mar.-dim. 9h-17h (lun.-sam. en été)* ***Cocktail-bar*** *Mar.-dim. 18h-1h (2h ven.-sam.) Fermé dim. en été et 2 sem. en août*
Emplacement stratégique face à l'église dei Frari pour l'un des cafés les plus anciens de la ville (1870). Sur deux étages, un joli décor boisé au mobilier vintage attire en continu les habitués. Idéal pour un thé, un snack, ou un *spritz* au Mercante, son cocktail-bar.

Al Prosecco B2 12
→ *Santa Croce 1503 Campo San Giacomo dell'Orio Tél. 041 524 02 22 Lun.-sam. 9h-21h (20h hiver)*
Une terrasse sous les platanes pour siroter un Prosecco, spécialité de la maison. Copieuses planches de charcuterie et de fromages. Bondé à l'heure de l'apéritif.

SHOPPING

Emilio Ceccato F3 13
→ *San Polo 16 Calle del Scaleter Tél. 041 522 27 00 Tlj. 10h (11h dim.)-13h30, 14h30-19h (19h30 mai-sep.)*
"Gondola gondola !" Pour céder à l'appel de la marinière rouge ou bleu portée par les gondoliers, on se procure, comme eux, un t-shirt ou une écharpe rayés, dans cette boutique qui habille tous les corps de métiers.

Pied à Terre E3 14
→ *San Polo 60 Ruga dei Oresi Tél. 041 528 55 13 Lun.-ven. 10h-13h30, 14h30-19h30 ; sam. 10h-19h30 ; dim. 10h30-13h30, 14h-19h (sauf jan. et août)*
Où dénicher une paire de *furlane* vénitiennes, les célèbres chaussons en velours des gondoliers dotés de semelles antidérapantes en pneu de vélo. Un arc-en-ciel de couleurs, avec d'adorables versions pour enfants.

Antica Drogheria Mascari E3 15
→ *San Polo 381 Ruga dei Spezieri Tél. 041 522 97 62 Lun.-sam. 8h-13h, 16h-19h30 (fermé mer. a.-m. juin.-août)*
Une épicerie où s'amoncellent thés, épices, caramels, fruits secs, huiles, vinaigres et confitures... Ne pas manquer l'arrière-boutique, l'une des caves les plus riches de Venise : des vins de toute l'Italie !

Paperoowl C2 16
→ *Santa Croce 2155/A Calle Seconda del Cristo Tél. 041 476 19 74 Mai-sep. : lun.-sam. 10h30-18h ; oct.-avr. : lun.-ven. 10h30-18h*
Mobiles, bijoux, fleurs, boîtes, cadres... De délicates créations en papier réalisées dans cet atelier-boutique par l'artiste Stefania Giannici.

Monica Daniele C3 17
→ *San Polo 2235 Calle del Scaleter Tél. 041 524 62 42 Lun.-sam. 9h-12h30, 14h30-18h ; dim. sur rdv*
Une boutique nichée dans une ancienne *bottega* fréquentée par Casanova, où la modiste Monica Daniele dévoile sa belle collection de chapeaux, ainsi que des *tabarri*, ces longues capes noires traditionnelles.

Ohmyblue B4 18
→ *San Polo 2865 Campo San Toma Tél. 041 243 57 41 Lun.-sam. 11h-13h, 15h30-19h30*
Un concept-store dédié à la bijouterie contemporaine, avec des créations venues d'Italie et du monde entier. Quelques très beaux sacs et chapeaux, et les précieux conseils d'Elena Rizzi.

OLA GRANDE DI SAN ROCCO

CHIESA DI SANTA MARIA GLORIOSA DEI FRARI

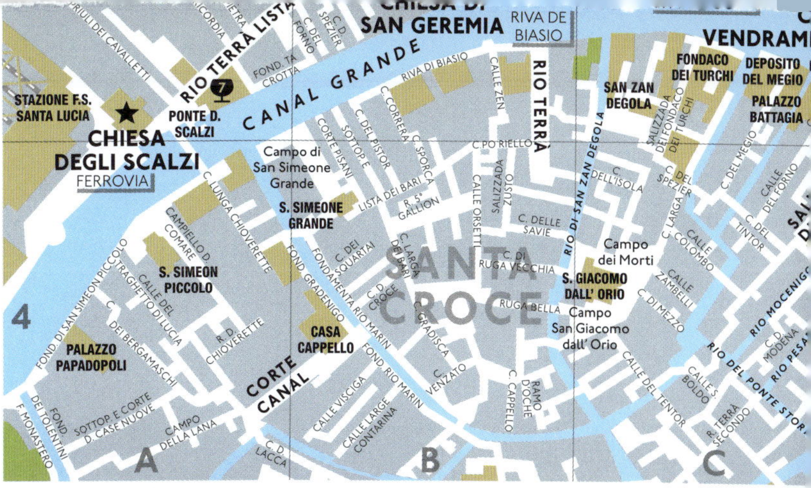

PONTE DEI TRE ARCHI

MUSEO EBRAICO

CHIESA DELLA MADONNA D[...]

★ Ca' d'Oro E4
→ *Cannaregio 3932 Calle Ca' d'Oro Tél. 041 520 03 45 Tlj. 9h-14h (19h mar.-dim.) Tarif : 8,50 €*
Loggias finement ciselées, fenêtres en ogive, pinacles : le plus bel exemple de gothique flamboyant d'inspiration orientale (1440), signé Bon et Raverti. En 1916, le baron Franchetti a fait don à la ville du palais (la "maison d'Or") et de sa riche collection : écoles vénitienne et toscane, tapisseries flamandes, bronzes. Voir aussi p. 9.

★ Ca' Vendramin Calergi C3
→ *Cannaregio 2040 Calle Vendramin Tél. 041 529 71 11 Visite guidée sur rdv arwv@libero.it Mar. et sam. matin, jeu. après-midi **Casino** Tlj. 11h-2h30*
Alternance de colonnes, rythme des baies géminées... La grandiose façade à l'équilibre parfait est souvent considérée comme la plus noble expression de la Renaissance à Venise (XVIe s.). Wagner y vécut et y mourut le 13 février 1883. Depuis 1946, le palais abrite le casino (tenue correcte exigée).

★ Chiesa di San Marcuola C3
→ *Cannaregio 1777 Campo San Marcuola Tél. 041 71 38 72 Tlj. 9h-11h, 17h30-19h (variable)*
Le joli fronton de brique inachevé du XVIIIe s. fait face à un calme ponton du Grand Canal. À l'intérieur de cette humble église à nef unique : surprenants autels dus à Morlaiter (sculpteur du maître-autel de la Salute) et *La Dernière Cène* (1547) du Tintoret.

★ Chiesa di San Geremia B3
→ *Cannaregio 334 Campo San Geremia Tél. 041 71 61 81 Mer.-lun. 9h-13h, 14h-17h ; mar. 14h-17h Entrée libre*
Luminosité, blancheur des voûtes, autels baroques et tableaux de Palma le Jeune pour le lieu de sépulture (depuis 1860) des restes de sainte Lucie, dérobés à Constantinople en 1038.

★ Chiesa degli Scalzi A3
→ *Cannaregio 54 Tél. 041 822 40 06 Tlj. 7h-1[...] 15h-18h50 Entrée libre*
La majesté de la façade en marbre, ponctuée d[...] colonnes, de niches or[...] de statues, contraste a[...] la vocation de pauvreté de l'ordre des Carmes déchaussés (Scalzi). Riche intérieur baroque (1656), endommagé en 1915. Du décor de Tiep[...] (1725) subsiste une fres[...] (bas-côté droit).

★ Ponte dei Tre Archi A2
Ses trois arches font to[...] l'originalité de ce pont

◀ Plan C/D

◄Plan A/B

…ZZO MOCENIGO

CA' PESARO

…ro et *Assomption*).
…aussi p. 10.

…Scuola Grande …an Giovanni …ngelista A3
…an Polo 2454 Campiello … Scuola San Giovanni …41 71 82 34
…es *(9h30-13h, 14h-17h15) … calendrier sur … scuolasangiovanni.it*
…erbe portail en marbre …oté par Lombardo (1481), …lier à deux volées …odussi (1498)… … *scuola*, parmi les plus …ennes de Venise (1261), … dépouillée du reste …on décor à la suite du …et napoléonien (1806) …ssant les *scuole*.

★ Chiesa di San Giacomo dall'Orio B2
→ *Santa Croce*
Campo San Giacomo dall'Orio Lun.-sam. 10h30-16h30 Tarif 3€ ou Chorus pass (voir p. 16)
Stupéfiant, le plafond en bois de la nef, chef-d'œuvre du gothique vénitien, a tout d'une carène de bateau. Tableaux de Véronèse, Lotto et Palma le Jeune.

★ Chiesa di Santa Maria Mater Domini C2
→ *Santa Croce 2123 Campo Santa Maria Mater Domini Tél. 041 72 14 08 Tlj. 10h-12h*
Encastrée entre deux bâtiments, la façade de l'église (début XVIe s.), attribuée à Sansovino, offre une belle composition d'inspiration Renaissance en pierre d'Istrie. À voir, l'*Invention de la Croix* du Tintoret.

★ Palazzo Mocenigo C2
→ *Santa Croce*
1992 Salizzada di San Stae Tél. 041 72 17 98 Avr.-oct. : mar.-dim. 10h30-17h ; nov.-mars : mar.-dim. 10h30-16h30
Ce palais du XVIIe s. abrite un musée du costume : les mannequins, vêtus de précieux atours, prennent place dans des salles richement meublées et décorées, cadre de vie des patriciens vénitiens du XVIIIe s. Une section parfum : laboratoire reconstitué et animations interactives.

★ Ca' Pesaro D2
→ *Santa Croce 2076 Fondamenta Ca' Pesaro Tél. 041 72 11 27 Mar.-dim. 10h-18h (16h30 nov.-mars)*
Un musée d'art moderne doublé d'un musée d'art oriental majeur, dans un palais qui marque le triomphe du baroque vénitien (1679). Au rdc et au 1er étage : œuvres de Klimt, Chagall, Kandinsky, Klee et Moore, et de peintres vénitiens de la fin du XIXe s. Au 2e étage : superbes costumes, objets et tissus japonais de la période d'Edo (1603-1868). Voir aussi p. 9.

CA' D'ORO

CA' VENDRAMIN CALERGI

CHIESA DI SAN MARCUOLA

E

Cannaregio / Ghetto Ebraico

Cannaregio et ses multiples visages. Dans sa partie nord, des ruelles villageoises où le linge sèche en guirlandes multicolores : la place Sant' Alvise, les quais du pont aux Trois-Arches et l'ancien Ghetto juif, le premier au monde, identifiable à ses habitations de six à neuf étages. Ici, les canaux s'élargissent et, à hauteur de la Fondamenta della Misericordia, égrènent bars et restaurants. Vers l'est, les larges quais des Fondamente Nove permettent d'admirer la lagune nord et surtout l'île San Michele, dont les murailles roses cachent le cimetière de Venise. Au sud, l'ébullition commerçante règne sur la Strada Nova, le long du Grand Canal.

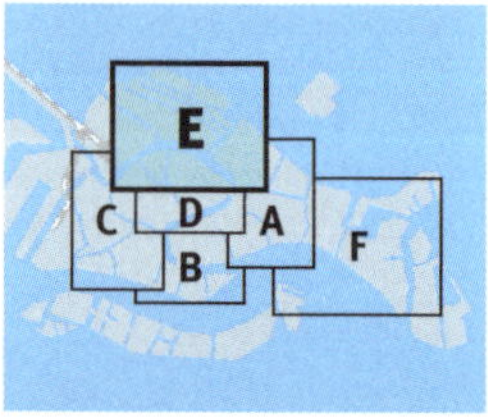

DA'A MARISA

ALLA VEDOVA

RESTAURANTS

Gam Gam B2 1
→ Cannaregio 1122 Fondamenta di Cannaregio Tél. 366 250 45 05 Dim.-ven. 12h-22h (15h ven.) ; et sam. soir nov.-fév. selon Shabbat : 20h-22h30
Pour changer un peu de la polenta et des sardines, rendez-vous dans ce restaurant de spécialités israéliennes : au menu, falafels, houmous, soupes, *schnitzels* et moussaka. *Primi* 9-10,90€, *secondi* 12-22€.

Da'a Marisa A2 2
→ Cannaregio 652 Fondamenta di San Giobbe Tél. 041 72 02 11 Mar., jeu.-sam. 12h-14h30, 19h30-23h ; mer., dim.-lun. 12h-14h30
Inutile de demander la carte, il n'y en a pas ! Rapidité du service oblige, il faut vite choisir parmi les deux ou trois plats du jour préparés au gré du marché, et annoncés à la volée ! Une authentique cantine familiale. *Primi* env. 10€, *secondi* env. 15€.

Antica Adelaide E3 3
→ Cannaregio 3728 Calle Priuli Tél. 041 523 26 29 Tlj. 12h30-14h30, 19h30-22h30
À ses fourneaux visibles de la rue, le chef concocte des plats inventifs, fins à souhait : saumon rôti en croûte de sésame ou raviolis à la poire, à la sauge et au pavot... dans le cadre d'un palais du XVIIIe s. Plat 10-33€.

Alla Vedova E4 4
→ Cannaregio 3912 Ramo Ca' d'Oro Tél. 041 528 53 24 Lun.-mer., ven.-sam. 12h-14h30, 19h-22h30 ; dim. 19h-22h30 Fermé mi-juil.-mi-août
Une allure de vieille taverne pour l'une des *osterie* les plus prisées de Cannaregio. Quelques tables et un vaste choix de *cicchetti* à picorer au comptoir (goûter les *polpette*, fameuses boulettes de viande). Plat 12-14€.

Osteria Anice Stellato C2 5
→ Cannaregio 3272 Fondamenta della Sensa Tél. 041 72 07 44 Mar.-sam. 12h15-14h, 19h15-22h
Un restaurant assidûment fréquenté par les Vénitiens qui se régalent de la cuisine locale revisitée par le chef. Au programme : crabes verts de la lagune, langoustines à la tomate et au basilic, à accompagner d'un vin blanc minéral du Frioul. *Primi* 18-24€, *secondi* 24-25€.

Vini da Gigio E3 6
→ Cannaregio 3628/A Fondamenta di San Felice Tél. 041 528 51 40 Mer.-dim. 12h30-14h30, 19h-

AL PARLAMENTO

PARADISO PERDUTO

NICOLAO ATELIER

22h30 Fermé 2 sem. en août
Trattoria simple mais raffinée, qui joue sur la qualité de ses vins (plus de 500 à la carte) et de ses plats : *anguilla* au gril, *seppia* (seiche) *alla veneziana*... Plat 16-38€.

PÂTISSERIE, BARS, CINÉMA

Dal Mas A3 7
→ *Cannaregio 150/A Rio terrà Lista di Spagna Tél. 041 71 51 01 Tlj. 7h (7h30 dim.)-23h (20h30 nov.-mars)*
À proximité du Ponte degli Scalzi et de la gare, l'une des plus anciennes pâtisseries de la ville (1853 !). Café au comptoir et douceurs à emporter.

Bar al Parlamento A2 8
→ *Cannaregio 511 Fondamenta Savorgnan Tél. 041 244 02 14 Tlj. 7h30-1h30*
Situé au bord du canal de Cannaregio, ce bar à la déco originale, tout en cordage, ne désemplit pas. Un spot très prisé car il reste ouvert tard... une rareté à Venise !

Frulalà D3 9
→ *Cannaregio 2292 Strada Nova Tél. 041 523 47 05 Avr.-oct. : dim.-ven. 9h-1h (20h ven.), sam. 18h-2h ; nov.-mars : dim.-ven. 9h-1h (17h ven.), sam. 18h-2h*
Dans un kiosque aux accents pop campé au milieu d'une rue passante : jus de fruits frais, yaourts ou smoothies à composer soi-même... Le tout préparé par une équipe énergique.

Cantina Vecia Carbonera D3 10
→ *Cannaregio 2329 Campo della Maddalena Mar.-dim. 10h30-21h30*
Dans cette ancienne cave à charbon, parée de tables en bois et de tonneaux, la jeunesse vénitienne se retrouve le soir autour de délicieux *cicchetti* et d'un verre de vin.

Paradiso Perduto D2 11
→ *Cannaregio 2540 Fondamenta della Misericordia Tél. 041 72 05 81 Jeu.-lun. 12h-23h*
Perduto ? Pas pour les noctambules, ravis de trouver un bar-restaurant aussi spacieux, de longues tablées et une jolie terrasse au bord de l'eau. Ambiance garantie, surtout lors des concerts du lundi.

Giorgione Movie d'Essai F4 12
→ *Cannaregio 4612/A Rio terrà dei Franceschi Tél. 041 522 62 98 Tlj. Séances vers 16h30, 19h30 et 21h30 (horaires variables)*
Le dernier cinéma indépendant de Venise avec ses deux salles d'art et essai en v.o.

SHOPPING

The Studio in Venice B2 13
→ *Cannaregio 1152 Calle del Ghetto Vecchio Tél. 041 520 89 97 Dim.-ven. 10h30-19h30 (16h ven.)*
La galerie de l'artiste Michal Meron : au travers de ses peintures naïves et colorées, elle conte des scènes de vie de la communauté juive vénitienne, des fêtes religieuses ou des épisodes de la Torah.

Stamperia del Ghetto di Aboaf Enzo B2 14
→ *Cannaregio 1185/A Calle del Ghetto Vecchio Tél. 041 275 02 00 Dim.-ven. 10h-17h*
Souvenirs du Ghetto Ebraico : estampes (vues de Venise) du peintre Emanuele Luzzati, bois sculptés, marque-pages en hébreu.

Torrefazione Cannaregio B3 15
→ *Cannaregio 2804 Fondamenta dei Ormesini Tél. 041 71 63 71 Lun.-sam. 7h-19h30, dim. 9h30-18h30*
Un comptoir en bois, un sol en pierre d'Istrie et des sacs de grains qui envahissent la boutique. On ne peut rater cette maison qui embaume la rue, encore moins l'inoubliable dégustation d'un nectar de café *al banco*, au comptoir !

Nicolao Atelier D2 16
→ *Cannaregio 2590 Fondamenta della Misericordia Tél. 041 520 70 51 Lun.-ven. 9h30-13h, 14h-18h (et w.-e. pendant le Carnaval)*
Le costumier de *Farinelli* ou du *Marchand de Venise* vend et loue des costumes et accessoires de carnaval.

Mori & Bozzi D3 17
→ *Cannaregio 2367 Rio terrà della Maddalena Tél. 041 71 52 61 Lun.-sam. 9h30-19h30, dim. 11h-19h*
Vêtements, chaussures et accessoires originaux et *made in Italy*, dans une boutique à la fois chic et branchée.

Spezieria All'Ercole d'Oro D3 18
→ *Cannaregio 2233 Strada Nova Tél. 041 72 06 00 Lun.-ven. 9h-12h30, 15h-19h30 ; sam. 9h-12h45*
Dans une pharmacie du XVIIIe s., entre belles céramiques et boiseries sculptées, se dresse le comptoir de la marque de parfumerie vénitienne The Merchant of Venice. Fragrances épicées dans une boutique de caractère.

…SA DI SAN GEREMIA

CHIESA DEGLI SCALZI

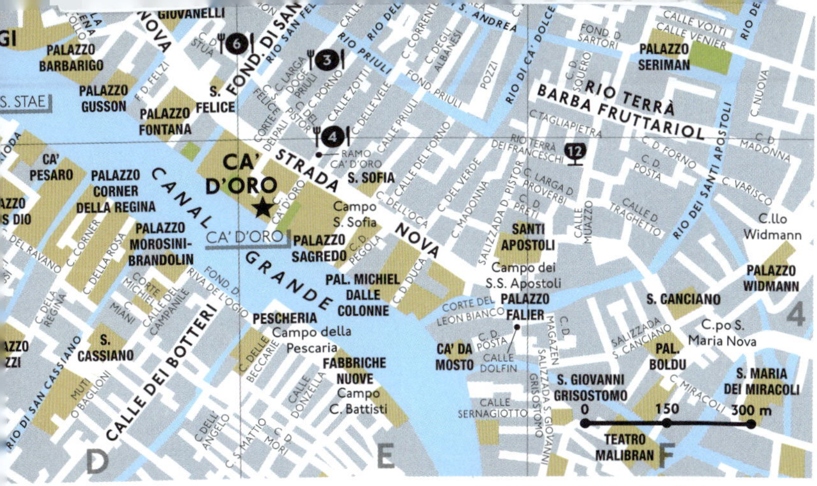

Plan A

CAMPO DEI MORI

I GESUITI

…88. Malgré l'élégance … forme, il n'a pas …nité : il gêne à la fois …fic et la perspective …nal vers la lagune.

…useo d'Arte …ico C2

…nnaregio 2902/B Campo …etto Nuovo Tél. 041 71 53 59 …ep. : dim.-ven. 10h-19h ; …ai : dim.-ven. 10h-17h30

…écrétant le quartier lieu …sidence exclusif des …(1516), les autorités …iennes ont créé le …ier ghetto d'Occident. …enus dans un espace …int, les habitants ont …âtir les édifices les plus …s de la ville pour se … Le musée conserve objets de culte, textiles… et la visite inclut celles des cinq synagogues, dont la superbe Scuola Levantina (1538). Voir aussi p. 11.

★ Chiesa di Sant'Alvise C1

→ Cannaregio 3282
Campo di Sant'Alvise
Lun.-sam. 10h30-16h30 Tarif 3€ ou Chorus pass (voir p. 16)

Architecture médiévale dépouillée (1388) pour l'église la plus isolée de la ville. Derrière le petit portail, décor baroque foisonnant : triptyque de G. B. Tiepolo (1740).

★ Chiesa della Madonna dell'Orto D2

→ Cannaregio 3511
Fondamenta della Madonna dell'Orto Tél. 041 71 99 33
Tlj. 10h (12h dim.)-17h Tarif 3€

La façade de briques rouges de cette église conjugue habilement les styles : portail Renaissance, niches romanes aux arcs gothiques. À l'intérieur, un véritable musée consacré au Tintoret, enterré dans la chapelle, qui réalisa ici ses plus beaux tableaux (*Le Jugement dernier*, 1562).

★ Campo dei Mori D2

Encastrées dans des murs de la place, des statues du XIIIe s. représentent les trois frères Mastelli, marchands venus de Morée (en Grèce), qui habitaient le quartier au début du XIIe s. La plus célèbre, celle au nez de fer, figure Sior Antonio Rioba, porte-parole des Vénitiens critiquant la République.

★ Chiesa dei Gesuiti F3

→ Cannaregio
Campo dei Gesuiti
Tlj. 10h-12h, 16h-18h Entrée libre

La lourde façade baroque, commandée à Domenico Rossi en 1715, visait à exalter les activités apostoliques et pastorales des Jésuites. L'emphase de l'intérieur surpasse encore l'extérieur : chaire drapée de marbres polychromes, baldaquin colossal, stucs… À voir : le *Martyre de saint Laurent*, de Titien (1559).

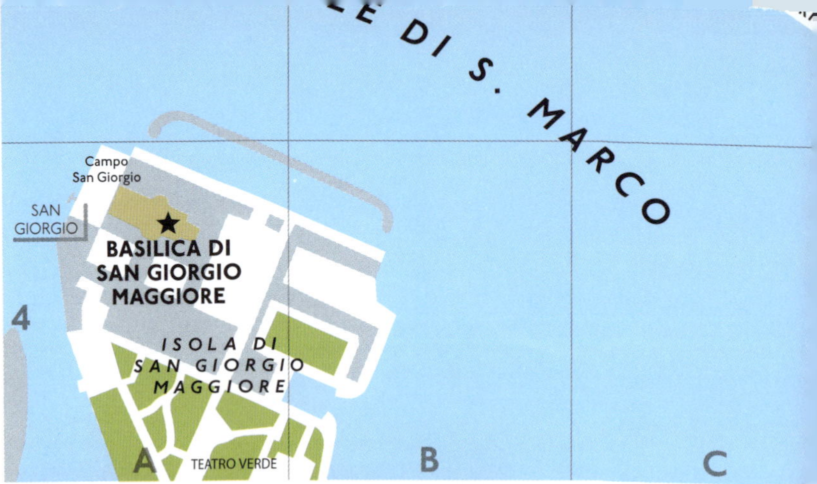

MUSEO STORICO NAVALE

GIARDINI PUBBLICI E BIENNALE

PONTE DI QUINTAVALLE

★ Chiesa di San Zaccaria A2
→ *Castello 4693*
Tél. 041 522 12 57 Lun.-sam. 10h-12h, 16h-18h ; dim. 16h-18h
Un sanctuaire Renaissance opulent, grâce à la générosité des riches familles des nonnes du couvent voisin. Du sol au plafond, l'édifice est couvert de peintures : retable de Bellini, tableaux de Vivarini et Giovanni d'Alemagna... Au fond, la chapelle d'Or cache des merveilles de bois sculpté et la crypte où reposent huit doges.

★ Riva degli Schiavoni A2
Douceur de vivre le long de la lagune, face à l'île de San Giorgio Maggiore. Au fil de ces quais, plusieurs hôtels de prestige, dont le célèbre Danieli (au n° 4196), qui abrita un temps les amours de George Sand et Alfred de Musset.

★ Scuola di San Giorgio degli Schiavoni B2
→ *Castello 3259/A Calle dei Furlani Tél. Tél. 041 522 88 28 Lun. 13h30-17h30, mar.-dim. 9h30-17h30 (13h30 dim.)*
En 1502, l'influente confrérie des Dalmates commande à Carpaccio un cycle de toiles illustrant la vie de ses saints protecteurs, dont le célèbre *Saint Georges et le dragon* (1507).

★ Chiesa di San Francesco della Vigna B1
→ *Castello 2786*
Tél. 041 520 61 02
Tlj. 8h-18h, 15h-18h Entrée libre
Des vignes qui poussaient sur le *campo*, il ne reste que le nom. La façade (XVIe s.), réalisée par Palladio, est un modèle de classicisme : équilibre et rationalité, harmonie dans l'alternance des formes. À voir, un retable de Véronèse (1551).

★ Torri dell'Arsenale C2
Deux tourelles en brique rouge marquent l'accès (maritime) de l'Arsenal ancien chantier naval b de remparts. Juste à cô l'entrée terrestre, supe portail Renaissance (14 gardé par deux lions d marbre blanc rapporté Morée en 1687. Longte zone interdite, aujourd base militaire, la prem fabrique industrielle d navires au monde (XIIIe qui assura la puissanc commerciale de la Cité des doges, ouvre une p partie de ses 46 ha au public pendant la Bien

★ Museo Storico Navale C3
→ *Castello 2148 Riva San*
Tél. 041 244 13 99 Avr.-oct.

CHIESA DI SAN ZACCARIA

RIVA DEGLI SCHIAVONI

F

Castello (est)

Les Vénitiens disent de leur ville qu'elle affecte la forme d'un poisson, dont le quartier de Cannaregio serait la dorsale et celui de Castello, la queue. De la Calle Lunga Santa Maria Formosa (à l'ouest), vivier d'*osterie* et de petites boutiques, à la marchande Via Garibaldi (à l'est), en passant par l'Arsenal et ses chantiers déchus, Castello, souvent ignoré des visiteurs, a conservé toute son âme populaire. Au sud-est, le long de la lagune, les Giardini Pubblici prennent vie pendant la Biennale d'art contemporain. En face, l'île de San Giorgio Maggiore et son imposante basilique.

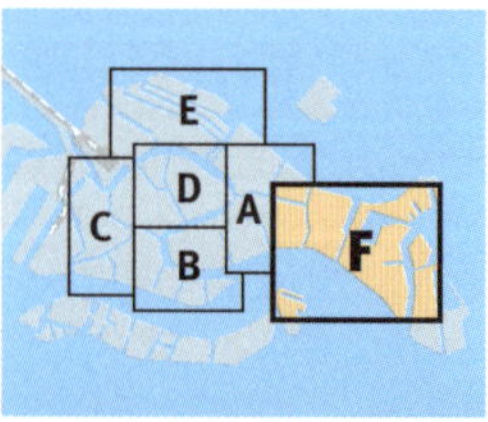

TRATTORIA ALLA RIVETTA

LE SPIGHE

RESTAURANTS

Creperia Artigianale Casteo A2 1

→ *Castello 4976/B Fondamenta dell'Osmarin Tél. 349 195 79 24 Tlj. 11h-22h Fermé déc.-jan.*
Dans cette crêperie, tout est réalisé sur place, la pâte comme la garniture ultra généreuse, à base de bons produits italiens : *pecorino*, crème de gorgonzola, petites courgettes... Galette 7-8€.

Trattoria alla Rivetta A2 2

→ *Castello 4625 Ponte San Provolo Tél. 041 528 73 02 Mar.-dim. 11h-22h30*
La cantine des gondoliers, prisée pour ses *cicchetti*. Au tout petit comptoir : rondelles d'aubergines et mozzarella, *sarde in saor*, légumes grillés... À arroser d'une *ombra* ! Une grande salle aussi, pour goûter la spécialité maison : les *bigoli in salsa* (pâtes aux anchois). *Primi* 9-15€, *secondi* 9-19€.

Le Spighe D3 3

→ *Castello 1341 Via Garibaldi Tél. 041 523 81 73 Lun. 10h30-14h30 ; mar.-sam. 10h30-14h30, 17h30-19h30*
Cette épicerie-traiteur propose une cuisine végétarienne et vegan, à partir de produits bios. Le principe : on compose son assiette au gré des recettes du jour et l'on paie au poids. Sur place ou à emporter. Plat 10-15€.

Corte Sconta B2 4

→ *Castello 3886 Calle del Pestrin Tél. 041 522 70 24 Fin jan.-juil., mi-août-déc. : mar.-sam. 12h30-14h30, 19h-21h30*
Les fans de Corto Maltese reconnaîtront la "cour secrète" de la BD ; les autres se laisseront séduire par une cuisine fine appréciée des Vénitiens : palourdes sautées au gingembre, pâtes fraîches et bons vins. Plat 18-28€.

Al Covo B2 5

→ *Castello 3968 Campiello della Pescheria Tél. 041 522 38 12 Ven.-mar. 12h45-14h, 19h30-22h Fermé 1 sem. en jan. et 1 sem. en août*
Une des adresses favorites des célébrités, à la fois simple et raffinée. Parfait pour un dîner romantique, autour d'une friture de poissons et de crustacés, ou d'un carré d'agneau aux lentilles. Plat 19-31€.

Local B2 6

→ *Castello 3303 Salizzada dei Greci Tél. 041 241 11 28 Mer. 19h-22h30 ; jeu.-lun. 12h-14h30, 19h-22h30*
Un lieu discret et élégant, désormais incontournable. Le chef y réinterprète les grands classiques (poulet à

VERDE

BRAGORÀ

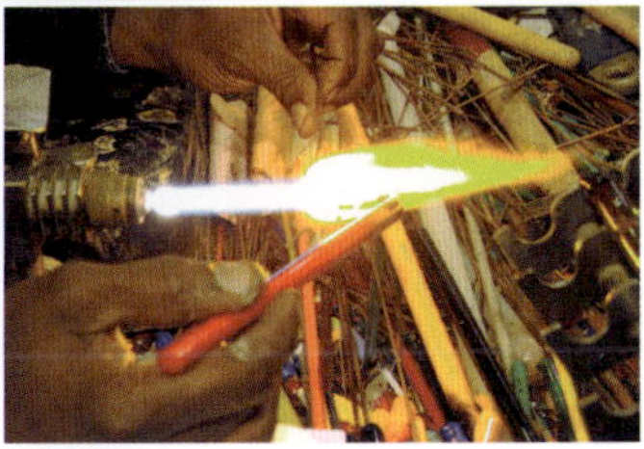

MURANERO

la diable, salade de seiche) et surprend avec des *paccheri* à l'agneau, piment rouge, yaourt et menthe. Plat 29-40€.

GLACIER, CAFÉS, BARS

Mela Verde A2 7
→ *Castello 4977 Fondamenta dell'Osmarin Tél. 349 195 79 24 Mars-mi-nov. : tlj. 11h-23h*
Célèbre dans le quartier, ce glacier artisanal fait la part belle aux sorbets de fruits de saison.

Pub Angio C3 8
→ *Castello 2142 Riva San Biasio Avr.-oct. : tlj. 9h-21h ; nov.-mars : tlj. 9h-20h*
Un bar à vin avec une vue à couper le souffle sur La Salute et San Giorgio Maggiore. Pour un verre en journée, une pizza sur le pouce ou un cocktail devant le soleil couchant. Ce n'est pas le grand luxe, on vous l'accorde, mais quel spot !

In Paradiso E4 9
→ *Castello 1260 Giardini Pubblici Tél. 041 241 39 72 Fév.-nov. : tlj. 8h-22h (21h sep.-nov.)*
Le café des jardins de la Biennale, dans une élégante demeure jaune pâle. En prime : trois terrasses, dont une sur le toit avec vue sur la lagune.

La Serra dei Giardini D3 10
→ *Castello 1254 Viale Garibaldi Tél. 041 296 03 60 Tlj. 10h-20h Fermé 3 sem. en jan.*
Ce salon de thé a investi une serre ! Quelques tables au milieu des plantes, d'autres à l'extérieur, sur l'herbe : une rareté à Venise. Tartes salées et sandwichs, vin bio au verre, thé et jus pressés.

La Mascareta A1 11
→ *Castello 5183 Calle Lunga Santa Maria Formosa Tél. 041 523 07 44 Tlj. 19h-2h*
Une *enoteca* parmi les plus courues du quartier, lieu de rencontre des amateurs de vin... animé jusque tard dans la soirée. Pour accompagner les nectars : charcuterie, fromages et *cicchetti*.

SHOPPING

Libreria Acqua Alta A1 12
→ *Castello 5176/B Calle Lunga Santa Maria Formosa Tél. 041 296 08 41 Tlj. 9h-19h45*
Une caverne d'Ali Baba tenue par un libraire fumeur de cigares. Les livres, éparpillés jusque dans une gondole, s'amoncellent en piles vertigineuses. Au fond, une porte ouvre sur un canal, qui, en période d'*acqua alta*, déborde dans le local... Tout un voyage !

Anticlea A2 13
→ *Castello 4719/A Calle San Provolo Tél. 041 528 69 46 Lun.-sam. 10h30-18h30*
Une petite boutique d'antiquaire où l'on trouve, entre autres curiosités, de belles perles de Murano anciennes.

Barbieri A2 14
→ *Castello 3403 Calle della Madonna Tél. 041 522 81 77 Lun.-sam. 10h-19h30*
Une ligne vénitienne, distinguée et accessible, d'accessoires de mode. Foulards, châles, cravates, écharpes... et quelques chemisiers.

Banco Lotto n°10 B2 15
→ *Castello 3478/A Salizzada Sant'Antonin Tél. 041 522 14 39 Tlj. 10h-19h30 (fermé dim. nov.-mars)*
Sacs, vestes et vêtements confectionnés avec des tissus de chez Rubelli (célèbre maison vénitienne), dans l'atelier de couture de la prison féminine de La Giudecca.

Bragorà B2 16
→ *Castello 3496 Salizzada Sant'Antonin Tél. 041 319 08 64 Tlj. 9h30-19h30*
Mi-boutique, mi-galerie, Bragorà expose les œuvres de jeunes artistes locaux, qui recyclent et transforment des objets pour en créer d'autres, uniques et originaux. Ceintures en chambres à air, sacs en voiles de bateaux...

Muranero B2 17
→ *Castello 3545 Salizzada del Pignater Tél. 338 450 30 99 Tlj. 11h-19h*
Formé à l'école de verre de Murano, Niang Moulaye réalise aujourd'hui ses propres créations : de jolies perles d'inspiration africaine montées en bracelets, bagues, colliers...

Ballarin A1 18
→ *Castello 6481/a Calle del Caffetier Lun.-sam. 10h30-13h, 17h30-20h ; dim. 17h30-20h*
Pour les amateurs de brocante ! Un tour dans cette caverne d'Ali Baba où l'on trouve de tout devrait satisfaire vos envies de chine.

Il Mercante Veneziano C3 19
→ *Castello 2139 Riva San Biasio Tél. 041 520 59 90 Tlj. 11h-14h, 15h30-20h30 (22h juin-sep.)*
Roberto Bisutti façonne d'élégants articles en cuir (agendas, carnets...), de grande qualité. Également, papeterie artisanale et reproduction de gravures anciennes.

LA DI SAN GIORGIO DEGLI SCHIAVONI

CHIESA DI SAN FRANCESCO DELLA VIGNA

TORRI DELL'ARSENALE

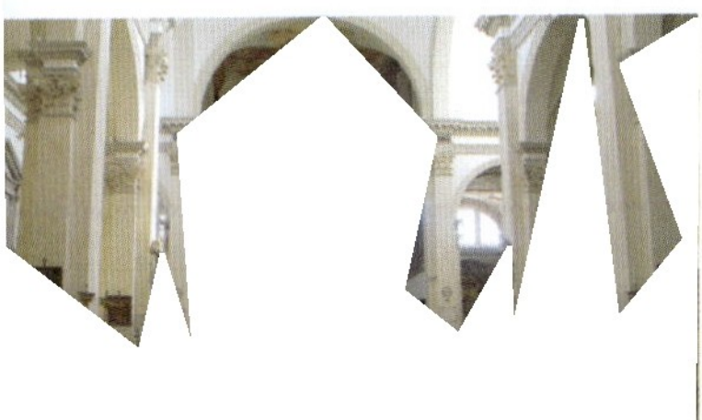

SA DI SAN PIETRO DI CASTELLO

BASILICA DI SAN GIORGIO MAGGIORE

18h ; nov.-mars : tlj. 10h-17h
ıusée d'Histoire navale 'enise, pour tout savoir armes, des expéditions, navires (maquette *Bucentaure*, le vaisseau ıparat des doges) et grandes batailles de la ınissime. Une échappée delà les mers.

Giardini Pubblici ennale E4
iale dei Giardini Pubblici
41 521 87 11
.labiennale.org
pointe orientale astello, l'un des rares ins publics de Venise, nagé en 1811 à iative de Napoléon. ible en hiver, il accueille de juin à novembre la Biennale d'art contemporain (années impaires, depuis 1895 !) et celle d'architecture (années paires). Accessibles uniquement lors de ces événements, 29 pavillons édifiés au fil du temps par des architectes de renom (Carlo Scarpa pour le pavillon du Venezuela, Alvar Aalto pour celui de la Finlande...).

★ Ponte di Quintavalle E3
Inauguré en 2009, cet élégant pont de bois en remplace un autre, jugé impraticable. Liaison avec l'île de San Pietro, il symbolise la volonté des pouvoirs publics de revaloriser le *sestiere* de Castello.

★ Chiesa di San Pietro di Castello F2
→ *Castello 72*
Lun.-sam. 10h30-16h30 Tarif 3€ ou Chorus pass (voir p. 16)
Érigé sur l'île de San Pietro, ce sanctuaire, dont l'origine remonte au VIIe s., fut la cathédrale de Venise de 1451 à 1807, année où le supplanta la basilique Saint-Marc. Derrière une imposante façade inspirée par Palladio (1596), autel en marbre polychrome et, dans la chapelle Lando, retable en mosaïque de Zuccato, sur un dessin du Tintoret.

★ San Giorgio Maggiore A4
→ *Isola di San Giorgio Maggiore*
Tél. 041 522 78 27
Mai-sep. : tlj. 9h-19h ; oct.-avr. : tlj. 8h30-18h
Sur cette petite île se dresse l'un des derniers chefs-d'œuvre de Palladio, édifié à partir de 1566. Sa façade aux lignes pures s'inspire des temples de l'Antiquité. À l'intérieur, chœur décoré de toiles majeures du Tintoret (*La Manne*, mur de gauche, et *La Cène*, à droite) et, dans la salle du Conclave, retable de Carpaccio (1516). Du campanile, vue panoramique.

voyageurs amis de la bonne chère. Et cela commence sous les meilleurs auspices quand le serveur arrive avec un petit cornet de friture de poissons croustillante et légère à souhait ! On poursuit en direction de la basilique des **Frari** (**D** A4). On n'hésite pas à pousser la porte de la **Legateria Polliero** (cf. encadré) qui propose de très beaux cahiers marbrés produits à Venise, avant de s'arrêter pour un en-cas au **Caffè dei Frari-Mercante** (**D** B3) si l'on n'a pas déjeuné avant. L'assurance de reprendre des forces avant de s'atteler au chef-d'œuvre absolu du Tintoret, la **Scuola Grande di San Rocco** (**D** A4). Du sol au plafond, l'artiste a laissé ici une trace éternelle de son talent. Le silence imposé à l'intérieur permet d'admirer avec une vraie concentration un travail titanesque (23 ans tout de même), qui illustre la vie, la mort et la Passion du Christ. Parmi les 56 œuvres, *La Crucifixion* (1565) est particulièrement puissante et solennelle.

SUR LES TRACES DU TINTORET

Émerveillement dans le Dorsoduro

On trace sa route, direction Dorsoduro. Dans ce *sestiere* à la forte fibre artistique, deux lieux sont incontournables pour admirer les œuvres du peintre. En seulement 10 min, on arrive aux **Gallerie dell'Accademia** (**B** B3) pour s'offrir un panorama complet de l'école vénitienne. Contempler à loisir *Le Miracle de saint Marc*, *Le Meurtre d'Abel* ou encore *La Tentation d'Adam*. En allant vers la pointe du quartier, on se retrouve nez-à-nez avec l'imposante basilique **Santa Maria della Salute** (**B** E3), où on ne manquera pas *Les Noces de Cana*, une toile de 1561 située dans la sacristie.

Le Paradis à San Marco

On finit ce parcours en beauté en franchissant le Grand Canal pour se rendre au **palais des Doges** (**A** B5). Dans la salle du Grand Conseil, on reste bouche bée devant un gigantesque *Paradis* (7 x 22 m) peint par le Tintoret et son fils entre 1588 et 1594, afin de remplacer une œuvre de Guariento détruite par l'incendie de 1577. Le plus grand tableau du monde est une véritable prouesse technique et artistique avec quelque 500 personnages semblant se bousculer pour entrer... Enfin, l'été, on s'offrira un repos bien mérité en terrasse sur le toit de l'hôtel **Danieli** (cf. encadré) pour siroter un *spritz* avec une vue époustouflante sur la lagune.

ADRESSES

Casa del Tintoretto
→ *Cannaregio 3399*
Fondamenta dei Mori

Legatoria Polliero
→ *San Polo 2995*
Campo dei Frari
Tél. 041 528 51 30
Lun.-sam. 10h-19h30, dim. 10h30-13h30

Bar Terrazza Danieli
→ *Castello 4196*
Riva degli Schiavoni
Tél. 041 522 64 80
Mai-sep. : tlj. 15h-18h30

CHIESA DELLA MADONNA DELL'ORTO

2. Sur les traces du Tintoret

Maître du clair-obscur, Jacopo Robusti (1518-1594) doit son surnom au métier de son père, teinturier. Élève de Titien, il a marqué à jamais l'histoire de la peinture vénitienne.

→ **Départ** *Campo della Madonna dell'Orto*
→ **Arrivée** *Piazza San Marco*
→ **Distance** *4 km*
→ **Durée** *5 h*

PAS À PAS

Dans la tranquillité de Cannaregio
Impossible de parler du Tintoret sans se balader dans le quartier qui l'a vu grandir, Cannaregio, le *sestiere* au nord-ouest de la ville. On commencera par visiter dans la tranquillité du matin l'**église de la Madonna dell'Orto** (**E** D2), bel exemple d'édifice gothique. On y admire des œuvres du maestro dont la sublime *Présentation de la Vierge au temple*. Le peintre est enterré ici-même, dans la chapelle. En traversant un petit pont, on arrive rapidement devant la **Casa del Tintoretto** (cf. encadré), la maison où il a été élevé. La scène est pittoresque entre l'adorable canal et les balcons fleuris. Cannaregio, surtout dans le Ghetto, est le seul quartier de Venise où les habitations furent construites en hauteur pour pallier le manque de place. La maison elle-même s'étire sur 4 étages ! On se dirige vers le Grand Canal et on s'arrête sur le Campo San Marcuola pour visiter l'**église** (**E** C3). À l'intérieur, *La Dernière Cène* du Tintoret peinte en 1547. La richesse de la toile contraste avec la simplicité des lieux (la façade en briques de l'église n'est d'ailleurs pas achevée). Sur la place, se trouve l'arrêt du *vaporetto* San Marcuola. On traverse le canal pour apprécier le point de vue inédit sur la très belle façade du **Fondaco dei Turchi**, siège du musée d'Histoire naturelle. Descendre un arrêt plus loin à San Stae.

Au sommet de son art à San Rocco
Une marche à pied de 10 min dans les ruelles permet d'atteindre le cœur du quartier San Polo. S'il est l'heure du repas, on rejoindra le restaurant **Antiche Carampane** (**D** D3), une institution vénitienne prisée autant par les Vénitiens que par les

PONTE DI RIALTO

1. Au fil de l'eau De tout temps, Venise a aimé et fêté la mer qui l'a protégée des invasions et a fait sa fortune. Sur l'eau et le long des canaux s'illustrent l'histoire et les spécificités de la Sérénissime.

→ **Départ** *Rialto*
→ **Arrivée** *Arsenal*
→ **Distance** *5 km*
→ **Durée** *5h*

PAS À PAS

Aux alentours du Rialto

La journée démarre près du pont du Rialto, chez **Emilio Ceccato** (**D** F3), fournisseur attitré des gondoliers qui viennent chercher ici leur célèbre marinière rouge ou bleue. Dans la boutique de **Giuliana Longo** (**A** A4), de l'autre côté du pont, ils achètent leurs couvre-chefs traditionnels, en drap de laine ou en paille, selon la saison. L'échoppe, spécialisée dans les chapeaux depuis 1902, propose aussi de véritables panamas importés d'Équateur. À deux pas, on s'accoudera au comptoir de la **Caffeteria Doria** (cf. encadré) en compagnie des gondoliers qui se donnent du courage avant une longue journée de travail.

Balade dans Dorsoduro

En seulement quelques minutes à pied, on gagne l'arrêt du *vaporetto* Sant'Angelo pour traverser le Grand Canal. À l'entrée de la **Ca' Rezzonico** (**B** B3), on admire un exemple de gondole avec *felze*. Lorsque la gondole était l'unique moyen de circulation dans la cité des Doges, cette petite cabine amovible au toit en forme de demi-tonneau était très prisée par temps de pluie. Elle protégeait aussi des regards les amours illégitimes qui battaient leur plein en période de Carnaval. On s'enfonce dans le quartier de Dorsoduro. Musées, galeries, petits commerçants... : il flotte ici un air bohème absolument charmant. Sur le Campo San Barnaba, les gondoliers n'ont même pas à descendre de leur embarcation pour faire leurs courses : ils n'ont qu'à tendre les bras pour s'offrir les légumes colorés du marché flottant de **La Barca** (cf. encadré) ! Côté shopping, direction **Signor Blum** (**C** D5) pour leurs beaux objets en bois qui représentent des monuments de Venise ou l'incontournable gondole.

2. Sur les traces du Tintoret

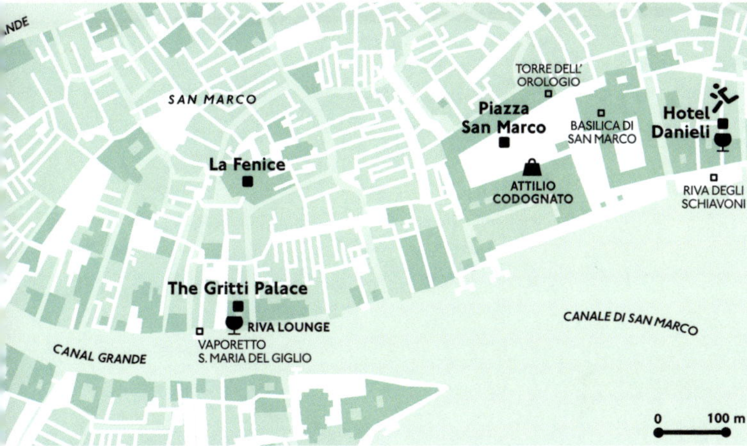

autre hôtel célèbre, le **Gritti Palace** (**B** E2). Le film *Identification d'une femme* d'Antonioni (1982) raconte les relations entre un cinéaste tourmenté et sa muse, une aristocrate qui lui fait perdre la tête. On en profite pour boire un cocktail au **Riva Lounge**, la terrasse de l'hôtel (cf. encadré). En période de festival, on y croise très souvent des célébrités ! En sirotant un *spritz*, une boisson inventée en Vénétie pour les soldats autrichiens, on admire la vie sur le Grand Canal. Gondole transportant au ralenti des couples amoureux ou bateau Riva fonçant à vive allure, chacun trouve son rythme sur l'eau. Les réalisateurs succombent à la photogénie des lieux : ainsi Anne Parillaud et Jean-Hugues Anglade se bécotent dans *Nikita* de Luc Besson (1990) sous les yeux amusés du bateau-taxi, et Angelina Jolie ensorcèle un Johnny Depp incrédule dans *The Tourist* (Henckel von Donnersmarck, 2010) à bord d'un sublime bateau Riva !

Dorsoduro et crypte secrète...

À l'arrêt Santa Maria del Giglio, on saute dans le *vaporetto* (ligne 1) jusqu'à la Ca' Rezzonico. En admirant les façades des palais qui défilent, on se remémore cette scène mythique de James Bond, période Daniel Craig, où un *palazzo* entier s'enfonce dans l'eau sous les yeux médusés des touristes (*Casino Royal*e, 2006). À 150 m s'ouvre le **Campo San Barnaba** (**C** D5), étape finale du parcours. Cette place fit une apparition remarquée dans *Indiana Jones et la dernière croisade* de Steven Spielberg (1989). Harisson Ford part à la recherche de son père disparu, le génial Sean Connery, et trouve dans l'église San Barnaba une crypte où sont enterrés de preux chevaliers. Après un passage par les égouts de la ville, Indiana ressort sur le *campo* au milieu des tables du café. Une petite faim après ce périple ? On s'attablera à l'**Osteria ai Artisti** (**C** D5), où le chef prépare le poisson cru comme personne. Situé à seulement 1 min à pied, le restaurant, au bord d'un adorable canal, offre le cadre rêvé pour faire le point sur les lieux magiques visités. Clap de fin !

ADRESSES

Attilio Codognato
→ *San Marco 1295*
Tél. 041 522 50 42
Lun.-sam. 15h-18h

Riva Lounge
→ *The Gritti Palace*
San Marco 2467
Campo Santa Maria del Giglio
Tél. 041 79 46 11
Tlj. 11h-1h

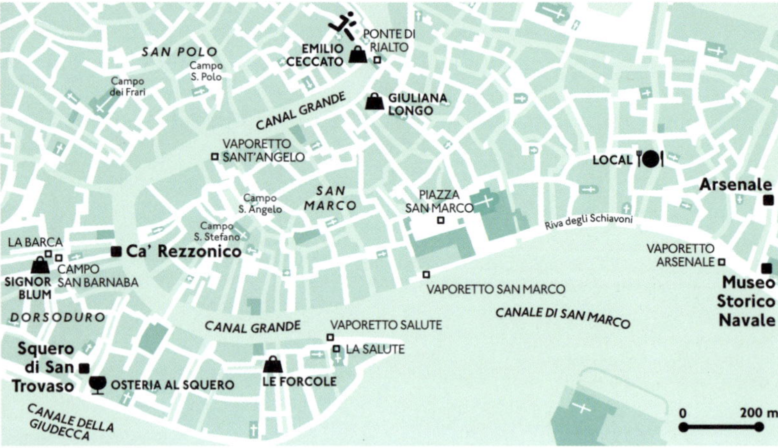

BALADE AU FIL DE L'EAU

En descendant vers le sud du quartier, on arrive en 5 minutes devant le **Squero di San Trovaso** (**C** D6), un des derniers chantiers de réparation de gondoles encore en activité ! En ayant pensé à réserver, on pourra visiter les lieux et mesurer le soin apporté à ce symbole de Venise. Pour la pause, l'**Osteria Al Squero** (**B** A3) tombe à pic, car elle est située juste en face de l'atelier et permet de profiter du spectacle tout en buvant une *ombra* (un verre de vin) accompagnée de quelques *cicchetti* de poisson frais. Pour un souvenir original, on poussera la porte de l'atelier de Saverio Pastor, **Le Forcole** (**B** D4). Cet artisan sculpte les *forcole*, ces pièces de bois aux formes tortueuses qui maintiennent la rame de la gondole. Les gondoliers se les font tailler sur mesure, en fonction de leur taille, corpulence et façon de ramer.

De la Salute à Castello

On reprend le *vaporetto* devant la basilique Santa Maria della Salute. L'embouchure du Grand Canal est magique avec le ballet des bateaux Riva et des gondoles ; c'est ici que se déroulaient les grandes cérémonies de la Sérénissime. Encore aujourd'hui lors de la fête du Rédempteur, en juillet, les bateaux convergent vers la Giudecca ; pour la fête de la Sensa, le jour de l'Ascension, qui célébrait les noces de Venise avec la mer, le bassin de San Marco est le point de départ d'un cortège de bateaux décorés. Enfin, durant la somptueuse régate historique, le premier dimanche de septembre, les meilleurs rameurs s'affrontent sur le Grand Canal ! Direction le musée d'Histoire navale de Venise, clou de l'itinéraire. Pour la pause déjeuner, une halte s'impose au restaurant **Local** (**F** B2) : on y déguste le *risotto di gò*, algues nori et katsuobushi, spécialité de la maison. Poursuivre jusqu'à l'arrêt du *vaporetto* Arsenale. Après quelques mètres de marche, on arrive au **Museo Storico Navale** (**F** C3), mémoire des splendeurs de la tradition navale vénitienne. À côté, le Pavillon des navires renferme les splendides embarcations historiques. Enfin, dernière étape : l'**Arsenal** lui-même. Devant le portail Renaissance gardé par deux lions, il faut imaginer cette "ville dans la ville" de 46 ha qui employait près de 3 000 ouvriers à son apogée au XVIe s. Un lieu décisif pour la Sérénissime, qui régna sur la Méditerranée pendant des siècles !

ADRESSES

Caffeteria Doria
→ *San Marco 4578*
Calle dei Fabbri
Tlj. 8h-19h

La Barca
→ *Campo San Barnaba, entre le campo et le Ponte dei Pugni*
Lun.-sam. 7h30-13h30, 15h30-19h30

CAMPO SAN BARNABA

VENISE ET LE CINÉMA

3. Venise et le cinéma La Cité des Doges a inspiré des générations de réalisateurs. En prêtant son sublime décor, elle s'est érigée en protagoniste de films légendaires. Petite visite guidée au sein du 7e art !

- **Départ** *Hôtel Danieli*
- **Arrivée** *Église San Barnaba*
- **Distance** *2 km*
- **Durée** *4h*

PAS À PAS

Saint-Marc et la Fenice, symboles de Venise
On démarrera le parcours par un lieu mythique, l'**hôtel Danieli** (**B** E2), datant du XVe s., en position stratégique sur la Riva degli Schiavoni. Jean-Paul Belmondo y fait une arrivée fracassante en hors-bord devant le palace, dans *Le Guignolo*. Agent secret vivant mille aventures, il a pour mission de faire passer en Italie une mallette contenant un microfilm. À deux pas de l'hôtel s'ouvre la **Piazza San Marco** (**A**). Tant de réalisateurs ont choisi cette célèbre place pour toile de fond : alors que Jeanne Moreau s'attarde à la terrasse du Caffè Lavena dans *Eva* (Joseph Losey, 1962), Roger Moore *alias* James Bond dans *Moonraker* (Lewis Gilbert, 1979) se rend à la Tour de l'Horloge après une poursuite endiablée en gondole. Dans ladite tour se cacherait le laboratoire du Spectre, féroce ennemi de 007. On traverse ensuite les artères les plus commerçantes de la ville pour se rendre au théâtre de la Fenice. En chemin, on s'arrête devant la vitrine du joaillier **Attilio Codognato** (cf. encadré), dont les bijoux habillent les stars de cinéma. Richard Burton offrit à Elizabeth Taylor un incroyable bracelet à tête de serpent lors de leur unique voyage dans la Cité des Doges pour la Mostra de 1973. Devant la **Fenice** (**B** E2), prendre un ticket pour visiter la légendaire salle d'opéra reconstruite à l'identique après des incendies ravageurs. Dans le film *Senso* du maestro Luchino Visconti (1954), la comtesse Serpieri s'amourache d'un lieutenant autrichien après une première rencontre magique dans cette salle. Sur la scène se joue alors *Le Trouvère* de Verdi, représentation interrompue par l'arrivée de patriotes italiens. N'oublions pas que les tout premiers opéras de Verdi ont été joués ici !

Sur les eaux du Grand Canal
En sortant de la Fenice, on rejoint les bords du Grand Canal en seulement 5 minutes. Sur la "plus belle avenue aquatique" du monde se dresse un

SAN MICHELE

BURANO

Prendre le large sur la lagune !

La Giudecca

→ *Lignes 2, 4.1, 4.2*
Pas de boutiques à la mode sur cette île paisible, en face de Dorsoduro, mais quelques belles églises, dont la Chiesa del Redentore dessinée par Palladio, des chantiers navals et d'anciennes usines converties en centre artistique ou en habitat résidentiel. Jolie promenade (avec des panoramas époustouflants sur Venise) le long des quais nord jusqu'au Molino Stucky, bel exemple d'architecture industrielle en brique transformé en hôtel de luxe.

Trattoria Altanella
→ *Giudecca 268 Calle delle Erbe Tél. 041 522 77 80 Mer.-dim. 12h30-14h, 19h30-21h Fermé 2 sem. en août*
Donnant sur un petit canal, cet établissement doté d'une charmante terrasse sur l'eau permet de se restaurer au calme. *Tagliolini* (sortes de tagliatelles) aux langoustines et petites courgettes italiennes délicieuses. Plat 13-23€.

Lido

→ *Lignes 1, 5.1, 5.2, 6, 10, 14, 17 (2, 8 l'été)*
Station balnéaire en vogue au début du XXe s., quand s'y pressait la haute société européenne, le Lido attire encore les visiteurs pour ses plages de sable à seulement une vingtaine de minutes de Venise (attention, l'accès à la plupart des établissements est payant). Depuis 1932, le Tout-Cinéma international s'y donne rendez-vous en septembre, à l'occasion de la célèbre Mostra.

La Tavernetta
→ *Via F. Morosini, 4 Tél. 041 526 1417 Avr.-mi-nov. : tlj. 12h30-14h30, 19h-22h30*
Ce petit restaurant propose une cuisine d'inspiration vénitienne (plats de poisson) et toscane (viandes). La maison soigne particulièrement l'accord mets-vins : Ottavio, le sommelier, a été élu meilleur sommelier d'Italie en 2014 ! Plat 10-35€.

Gelateria da Tita
→ *Gran Viale Santa Maria Elisabetta, 60 Tél. 041 526 03 59 Mi-jan.-fév., nov. : mer.-lun. 7h-22h ; mars-avr., oct. : tlj. 7h-22h ; mai-sep. : tlj. 7h-0*
De succulentes glaces artisanales, servies en coupes, en cornets ou sous forme de gâteaux glacés, les *mattonelle*.

Chioggia

→ *Vaporetto jusqu'à l'arrêt Lido, puis bus n° 11*
Paradis de pêche, la cité de Chioggia séduit le visiteurs : son charmant *corso* bordé d'arcades sa cathédrale Santa Maria, reconstruite par

CARNET PRATIQUE

Les infos essentielles pour séjourner à Venise

CARTE DE VISITE

- Capitale de la Vénétie
- 550 km² de lagune
- 58 000 habitants intra-muros (172 195 en 1953)
- 6 *sestieri* (quartiers), traversés par 160 canaux et reliés par 400 ponts
- Environ 24 millions de visiteurs par an
- 400 gondoles sillonnant les canaux
- 130 000 pigeons par jour sur la place Saint-Marc

LA LAGUNE VUE DU CAMPANILE

SUR PLACE

Venise bénéficie d'un climat continental : de novembre à février, brouillard et acqua alta *sont au programme ; en été, place à la moiteur et à des températures frôlant les 35 °C. Les deux intersaisons sont donc bien plus agréables pour explorer la ville, à condition d'éviter Pâques, l'Ascension ou la Pentecôte qui voient affluer les pèlerins du monde entier. Si le Rialto et Saint-Marc sont pris d'assaut par les visiteurs en toute saison, les quartiers plus périphériques sont souvent délaissés : Cannaregio et le Ghetto, l'est de Castello, l'ouest de Dorsoduro...*

INTERNET

Venise en ligne
→ *www.comune.venezia.it*
Portail officiel de la ville (en italien).
→ *www.veneziaunica.it*
Le portail touristique de Venise.
→ *www.visitmuve.it*
Les principaux musées municipaux.
→ *www.venezia.net*
Hôtels, restaurants, musées et événementiel.

Wifi et cybercafés
La plupart des cafés sont équipés en wifi. Sinon, quelques cybercafés et le wifi payant de la Ville sur www.cittadinanzadigitale.it (en italien).

INFORMATIONS TOURISTIQUES

Office de tourisme
(**A** A6)
→ *San Marco 71/F Piazza San Marco (Procuratie Nuove)*
Tél. 041 24 24 Tlj. 9h-19h
Le bureau central. Annexes à Piazzale Roma, dans l'Autorimessa comunale (**A** A6), à la gare Santa Lucia (**C** B1) et à l'aéroport.

TÉLÉPHONE

Indicatifs
France-Italie
→ *00 39 (indicatif de l'Italie) + n° de tél.*
Italie-France
→ *00 33 (indicatif de la France) + n° de tél. (sans le 0)*
Italie-Italie
→ ***Fixes*** *Commencent par l'indicatif de la ville (041 : Venise)*
→ ***Portables*** *Commencent par 333, 334, etc.*

Numéros utiles
Urgence médicale
→ *Tél. 118*
Carabinieri / Police
→ *Tél. 112 ou 113*
→ *Police touristique : tél. 041 520 47 77*
Consulat de France
→ *Tél. 041 522 43 19*

CALENDRIER

Jours fériés
→ *1er jan., 6 jan. (Épiphanie), lun. de Pâques, 25 avril (Libération), 1er mai, 2 juin (Fête nationale), 15 août, 1er nov., 8 déc. (Immaculée Conception), 25-26 déc.*

Janvier-mars
Concert du Nouvel An
À La Fenice (**B** E2).
Regata delle Befane
→ *6 jan.*
Régate d'hommes déguisés en vieilles sorcières (les *befane*) le jour de l'Épiphanie.
Carnaval
→ *10 j., avant les Cendres*
Interrompu à la chute de la République (1797), le carnaval a revu le jour en 1979. Festivités écourtées à 10 j. (contre 6 mois), mais la frénésie est toujours là (et la foule aussi !).
Su e Zo Per i Ponti
→ *Un dim. au printemps*
Course à pied "en montant et descendant les ponts".

Avril-mai
Fête de la Saint-Marc
→ *25 avr.*

DATES CLÉS

697 Élection du 1er doge
810 Venise devient province byzantine
1204 Fin de l'Empire byzantin, Venise plaque tournante du commerce mondial
XVe s. La Sérénissime est à son apogée
Début XVIe s. Nouvelles routes commerciales : l'hégémonie de Venise est menacée
1630-1631 Épidémie de peste (46 000 morts)
1797 Abolition de la République de Venise par Napoléon Bonaparte
1866 Venise et la Vénétie sont intégrées au royaume d'Italie

GROTESQUE

CAFFÈ FLORIAN

Course de gondoles pour la fête du patron de la cité.
La Sensa
→ *Jour de l'Ascension*
À l'entrée de la lagune, commémoration de l'union de Venise à la mer (dim.). Cortège jusqu'au Lido.
Vogalonga
→ *En mai, le dim. suivant l'Ascension*
Régate de Venise à Burano (30 km A/R).
Juin-septembre
Les Biennales
→ *Juin-nov.*
Festivals d'architecture (années paires), d'art contemporain (impaires), de danse, musique et théâtre (tous les ans).
Fête du Rédempteur
→ *3e w.-e. de juil.*
Feux d'artifice sur la lagune (sam.) ; procession religieuse et régate (dim.).
La Mostra del Cinema
→ *Fin août-début sep.*
Festival international du cinéma.

Régate historique
→ *1er dim. de sep.*
Courses de bateaux d'antan sur le Grand Canal.
Octobre-novembre
Marathon de Venise
→ *Fin oct.*
Fête de la Madonna della Salute
→ *21 nov.*
Célébration de la fin de l'épidémie de peste (1630).

BUDGET

Se loger
Une chambre double : 70-140€.
Se restaurer
Le midi : 9-15€ pour des *cicchetti* et des *tramezzini* au comptoir d'un *bacaro*. Le soir : 25-55€ à la carte (pour *antipasti*, *primo* ou *secondo*, et dessert).
Sortir
Une bière : 4€ ; un cocktail : 7€ ; une place de concert ou de théâtre : 15-25€.

Se déplacer
Un ticket de *vaporetto* : 7,50€ (validité 75 min).

SE REPÉRER

Venise est un dédale de ruelles, de ponts et de culs-de-sac. Les numéros ne se suivent pas et ne se rapportent pas à la rue, mais au quartier. Pas de côté pair ni de côté impair. Les Vénitiens se réfèrent d'abord au *sestiere*, puis au numéro. Mais il sera plus simple de se repérer avec un nom de ruelle, une église ou un *campo*...
Toponymie vénitienne
Ca' (casa) : palais (suivi généralement du nom de la famille noble qui l'a édifié) ;
Calle : rue ;
Campiello : petite place ;
Campo : place (sauf les Piazza San Marco et Piazzale Roma) ;

CITÉ DES ARTS

Architecture
Vénéto-byzantin (jusqu'à la fin du XIIIe s.)
La rivale de Constantinople s'inspire de l'art oriental chrétien : Basilica di San Marco (**A** B5).
Gothique
Le plus répandu, avec ses briques apparentes, ses arcs entrelacés et ses loggias ciselées : Palazzo Ducale (**A** B5), Ca' d'Oro (**E** E4).
Renaissance (XVe-XVIe s.)
Élégance, symétrie et harmonie, avec Lombardo – Scuola Grande di San Marco (**A** C2) –, Sansovino – Libreria Sansoviniana (**A** B6) – et Palladio – Basilica di San Giorgio Maggiore (**F** A4).
Baroque (XVIIe s.)
Profusion d'ornements, théâtrale avec Longhena : Ca' Pesaro (**D** D2).
Peinture
Giovanni Bellini (v. 1430-1516)
Une palette et une luminosité lyriques.
Carpaccio (v. 1460-1525)
Ce grand narrateur a su transfigurer le réel.
Lotto (1480-1556)
Un coloriste précieux au regard aiguisé.
Titien (v. 1489-1576)
De l'idéal classique à une mélancolie crépusculaire.
Le Tintoret (1518-1594)
Un fougueux dramaturge du clair-obscur.
Véronèse (1528-1588)
Le maître des grands cycles décoratifs.
G. B. Tiepolo (1696-1770)
Le plus grand décorateur baroque.

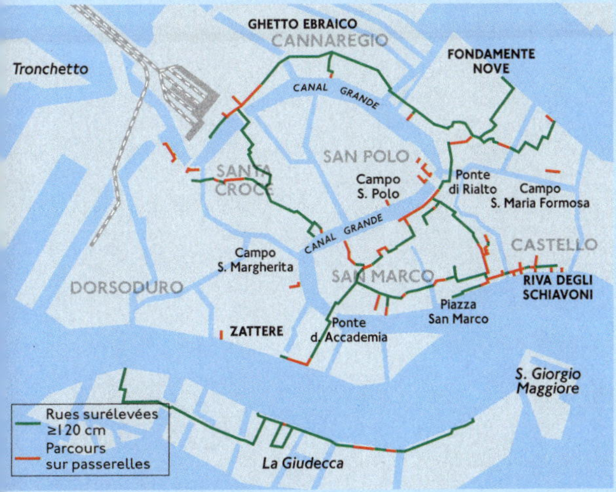

E DÉPLACER PENDANT L'ACQUA ALTA

ACQUA ALTA

Entre oct. et avr., sous l'effet conjugué des vents et des marées, les hautes eaux submergent Venise. Des passerelles (en rouge sur la carte) permettent de circuler en zone inondée, mais des bottes en caoutchouc s'imposent (on en trouve des jetables dans les kiosques à journaux). La place Saint-Marc étant l'un des points les plus bas, elle est souvent sous l'eau, d'autant que l'*acqua alta* est de plus en plus fréquente. Le projet Mose (création de digues) suscite espoirs et critiques.

:anale : canal ;
'hiesa : église ;
:orte : cour ;
ondamenta : quai ;
iardino : jardin ;
'iscina : rue ou place yant accueilli une iterne ;
:amo : petite rue coudée ;
'io : petit canal ;
'io terrà : canal comblé t transformé en rue ;
'alizzada : rue pavée ;
:cuola : ancien siège 'une confrérie religieuse ;
ottoportego : passage ouvert

IORAIRES

ttention, de nombreux tablissements sont ermés aux mois de anvier et d'août !

Restaurants

→ *En général, tlj. 12h-15h, 9h-22h30*

glises

→ *En général, lun.-sam. 9h-17h/18h, dim. 13h-17h*

Visites suspendues pendant les offices

Musées

→ *Avr.-oct. : 9h-18h/19h ; nov.-mars : 9h-17h*

Les guichets ferment en général 30 min avant les sites

Poste centrale (**A** A4)

→ *San Marco 5016 Calle delle Acque Lun.-sam. 8h20-19h05 (12h35 sam.)*

Magasins

→ *Lun.-sam. 9h-13h, 15h-19h*

SE RESTAURER

À midi, les Vénitiens prennent *cicchetti* et *tramezzini* arrosés d'une *ombra* au comptoir d'un *bacaro*. Le soir, dîner plus copieux dans une trattoria ou un *ristorante*. Penser à réserver. Pas de cartes bancaires dans certains établissements.

Établissements

Bacaro : bistrot typique où tout se passe au comptoir
Enoteca : bar à vin et petite restauration
Osteria, trattoria : cuisine traditionnelle simple et authentique
Ristorante : la catégorie supérieure au précédent

Lexique culinaire

Al banco : au comptoir
Cicchetto : petit plat comparable aux tapas
Crostino : pain grillé et garniture salée
Ombra : verre de vin rouge ou blanc au comptoir
Panino : sandwich
Saor : marinade aigre-douce
Spritz : l'apéritif vénitien (vin blanc, eau gazeuse, Aperol)
Tramezzino : sandwich de pain de mie

Carte, menu

Le repas traditionnel est copieux : après les *antipasti* (hors-d'œuvre), deux plats suivent, le *primo piatto* (pâtes, riz ou soupe) et le *secondo* (viande ou poisson), plus les *contorni* (légumes), le tout suivi d'un *dolce* (dessert). En général, un *antipasto* et un *secondo (ou primo)* piatto suffisent.

Suppléments

Sauf dits *tutto compreso*, les prix n'incluent pas le service (+ 12 %), le pain et le couvert (*pane e coperto* + 2-4€ env.). Attention, la mention *etto* signifie “pour 100 g”.

VISITES

Réductions

Plusieurs cartes d'abonnement permettent d'obtenir des tarifs plus avantageux qu'en payant individuellement chaque entrée de musée ou d'église : City Pass Venezia Unica, carte I Musei di Piazza San Marco, Museum pass et Chorus pass (voir p. 16).

AU FIL DE L'EAU

Et aussi :
Rolling Card Venice
Réductions pour les 6-29 ans : transports, musées, restaurants... Ce pass, valable 1 an, est en vente (6€) dans les offices du tourisme et les bureaux de l'ACTV, la société de transports.

SORTIES

Programmes
Un Ospite di Venezia
→ *Gratuit à l'office du tourisme et dans les hôtels 2 étoiles et plus*
Le guide mensuel des portiers d'hôtels et des "clefs d'or" de Venise (ital./angl.).
Venezia News
→ *www.venezianews.it*
Magazine mensuel, gratuit et pris d'assaut en début de mois (italien/anglais).

Centrale de réservation
Venezia Unica
→ *Tél. 041 24 24*
www.veneziaunica.it
Concerts, théâtres
Centre de Musique romantique française (**D** B3)
→ *Palazzetto Bru Zane San Polo 2368 Tél. 041 521 10 05*
www.bru-zane.com
Entièrement dédié à la musique romantique.
Chiesa di San Vidal (**B** C2)
→ *San Marco Campiello San Vidal Tél. 041 277 05 61*
www.classictic.com
Concerts fréquents.
La Fenice (**B** E2)
→ *San Marco 1965 Campo San Fantin Tél. 041 78 66 54*
www.teatrolafenice.it
La mythique salle lyrique.
Teatro Malibran (**A** A3)
→ *Cannaregio 5873 Calle Corte del Milion Tél. 041 24 24*
www.teatrolafenice.it
L'une des plus célèbres scènes de Venise.
Teatro Goldoni (**D** E4)
→ *San Marco 4650/B Corte Teatro Tél. 041 240 20 11*
www.teatrostabileveneto.it
Siège du Teatro Stabile del Veneto.
Musica a Palazzo (**B** D3)
→ *Palazzo Barbarigo Minotto, Fondamenta Duodo, San Marco 2504 Tél. 340 971 72 72*
www.musicapalazzo.com
Opéra dans un palais baroque : on passe de salle en salle à chaque acte de *La Traviata* ou de *Rigoletto* !
Venise la nuit
Après 22h, une autre Venise. Déserte, mal éclairée mais sûre, livrée à ses chats et à ses mystères. Les secteurs les plus fréquentés (les bars y sont plus nombreux) : le Campo Santa Margherita (**C** C4), les quais de Cannaregio (**E**).

SHOPPING

Marchés
Fruits et légumes
→ *Rialto, Campo della Pescaria* (**D** E2) *Tlj. 7h-13h*
→ *Campo Santa Margherita* (**C** C4) *Lun.-sam. 7h-19h30*
→ *Rio terrà San Leonardo* (**E** B3) *Lun.-sam. 8h-19h30*
Poissons et crustacés
→ *Fabbriche Nuove et Campo della Pescaria* (**D** E2) *Mar.-sam. 7h-13h*
Supermarchés
Coop (**E** D3)
→ *Cannaregio 3660 Strada Nova Tél. 041 520 22 03 Tlj. 8h-22h*
Coop (**D** B2)
→ *Campo S. Giacomo dell'Orio, 1491/A Tél. 041 275 02 18 Tlj. 8h30 (9h)-22h*
Mode
Les grands noms de la haute couture sont sur les rues Vallaresso (**A** A6) et Larga XXII Marzo (**B** E2).

AÉROPORTS

Aeroporto Marco Polo
→ À Tessera, à 12 km au nord-est de Mestre, sur la lagune
Tél. 041 260 92 60
Bagages perdus
Tél. 041 098 00 98 Tlj. aux horaires de l'aéroport
www.veniceairport.it
Vols directs de Paris, Lyon, Toulouse, Marseille, Nice, etc.

Aeroporto di Treviso
→ À Trévise, à 40 km au nord-ouest de Venise
Tél. 042 231 51 11
www.trevisoairport.it
Aéroport d'arrivée des vols *low-cost* (Ryanair, German Wings...).

LES ACCÈS À VENISE

TRANSPORTS

es informations relatives ux transports figurent ans les encadrés.

HÉBERGEMENT

'auf mention contraire, les rix indiqués (min.-max.) sont eux d'une chambre double vec salle de bains (sdb) et etit déjeuner. Ils peuvent asser du simple au double n fonction de la période t de la durée du séjour ! a taxe touristique varie entre ,50€ et 5€ par pers. et par our selon la saison et le type 'établissement. À part uelques semaines en hiver, n'y a pas de basse saison Venise et malgré la vaste apacité hôtelière, il vaut nieux réserver au moins eux mois à l'avance en juil.-oût et en fév. au moment du arnaval. Pour vivre quelques ours comme un Vénitien, enser aussi aux sites www.airbnb.fr et www.veniceactually.com.

À PARTIR DE 50€

Ca' Turelli (C D5)
→ Dorsoduro 1162 Fondamenta di Borgo
Tél. 348 303 46 88
www.caturelli.it
Une immense maison de famille de 250 m² ! Trois chambres modernes et sobrement décorées, et un solide buffet petit déjeuner, dans la grande salle commune. 54-194€.

Locanda Montin (C D5)
→ Dorsoduro 1147 Fondamenta di Borgo
Tél. 041 522 71 51
www.locandamontin.com
Face au paisible canal des Romite, des chambres sans fioritures, mais un jardin privé sous une superbe tonnelle qui accueille le fameux restaurant de l'auberge. Quiétude garantie. 60-160€.

Ai Do Mori (A B5)
→ San Marco 658 Calle Larga San Marco Tél. 041 520 48 17
www.hotelaidomori.com
À une enjambée de la place Saint-Marc, 14 chambres confortables, certaines avec vue sur le Campanile. Coup de cœur pour la n° 11 et sa terrasse privée. 60-160€ (sans petit déjeuner).

Istituto Ciliota (B C2)
→ San Marco 2976 Calle delle Muneghe Tél. 041 520 48 88
www.ciliota.it
Cet ancien monastère cache une charmante cour intérieure, véritable havre de paix. La qualité du service et les 34 chambres (51 en été) spacieuses font oublier le décor, standard. 60-180€.

Hotel Antigo Trovatore (A C5)
→ Castello 4534 Calle delle Rasse Tél. 041 522 46 11
www.antigotrovatore.it
À quelques mètres de la place Saint-Marc, un hôtel familial avec d'agréables chambres, dont une avec terrasse donnant sur le palais des Doges. 62-125€.

Pausania (B A2)
→ Dorsoduro 2824 Fondamenta Gherardini
Tél. 041 522 20 83
www.hotelpausania.it
Un superbe palais vénitien du XIVe s. pour un voyage dans le passé : fenêtres gothiques, plafonds en bois, escalier d'époque et pelouse pour se relaxer. 73-340€.

À PARTIR DE 80€

Bel Sito (B E2)
→ San Marco 2517 Campo Santa Maria del Giglio
Tél. 041 522 33 65
www.hotelbelsitovenezia.it
Entre le Grand Canal et la Fenice, 34 chambres confortables dans un cadre romantique des XVIIIe-XIXe s. 80-200€.

LIAISONS AÉROPORT-VENISE

Aeroporto Marco Polo
En bus
→ *Départ ttes les 20-30 min vers Piazzale Roma* (**C** B2) *Trajet 20 min Ticket 8€ (15€ A/R), 6€ avec billet touristique*
En bateau (Waterbus)
→ *www.alilaguna.it Départ ttes les 30-60 min Trajet 1h15 vers San Marco Ticket 27€ A/R (25€ sur Internet)*
En taxi
→ *40€ Trajet 20 min* Jusqu'à Piazzale Roma.
En bateau-taxi
→ *115€ Trajet 30 min env.*
Aeroporto di Treviso
En bus
→ *Départ ttes les 25 min Trajet 1h10 Ticket 22€ A/R*

VAPORETTO SOUS LE PONT DU RIALTO

BATEAU-TAXI DEVANT LA GARE SANTA LUCIA

Ai due Fanali (**E** B4)
→ *Santa Croce 946 Campo di San Simeone Profeta Tél. 041 71 84 90 www.aiduefanali.com*
Sur une placette qu'on croirait privée, un bel hôtel coloré. Chambres claires aux voilages blancs sans ornement excessif, quelques-unes avec vue sur le *campo*. Agréable terrasse. 80-250€.
Casa Kirsch (**A** C5)
→ *Castello 4266 Calle dei Albanesi Tél. 041 528 61 27 www.casakirsch.com*
Le design au service du confort ! Couleurs pastel, poutres apparentes, miroirs et lits *king-size* dans les trois élégantes chambres de ce B&B d'un nouveau genre. 80-320€.
Do Pozzi (**B** E2)
→ *San Marco 2373 Calle larga XXII Marzo Tél. 041 520 78 55 www.hoteldopozzi.it*
Au fond d'une cour proche de la très commerçante Calle larga XXII Marzo. Chambres un peu étroites, mais on s'y sent bien. Petit déjeuner au vert sur la terrasse en été. 80-300€.
La Fenice (**B** E2)
→ *San Marco 1936 Campiello Fenice Tél. 041 523 23 33 www.fenicehotels.com*
Lustre d'antan, patines vénitiennes… tout le charme de cet établissement posté sur une jolie placette, tout près de la Fenice. Petite préférence pour les chambres situées dans l'aile ancienne. 86-250€.
Barababao (**A** A3)
→ *Cannaregio 5835 Campo San Giovanni Grisostomo Tél. 349 877 80 19 www.barababao.it*
Un B&B aux faux airs de pension de famille, famille qui tient le bar (tranquille) du dessous. Le plus : le calme, à deux pas du Rialto. 90-150€.
Casa Verardo (**A** C5)
→ *Castello 4765 Campo SS. Filippo e Giacomo Tél. 041 528 61 38 www.casaverardo.it*
Situation de choix entre le pont des Soupirs et le Campo Santa Maria Formosa pour cet hôtel chic et cosy installé dans un *palazzo* du XVIe s. 23 chambres réparties sur 3 étages, et une jolie terrasse pour prendre son petit déjeuner en été. 90-390€.
Antica Locanda Al Gambero (**A** A4)
→ *San Marco 4687 Calle dei Fabbri Tél. 041 522 43 84 www.locandaalgambero.com*
Entre le pont du Rialto et la place Saint-Marc, 30 chambres tout confort, certaines donnant sur le canal voisin. Au rez-de-chaussée : le célèbre Bistrot de Venise, pour dîner tard dans la nuit. 90-400€.

TRAIN ET AUTOCAR

Liaisons ferroviaires
Gare Santa Lucia (**C** B1)
→ *Tél. 041 78 56 70 / 89 20 21 www.trenitalia.com*
Située sur la lagune, à ne pas la confondre avec la gare de Venezia-Mestre (sur le continent).
Thello
→ *www.thello.com*
Compagnie privée qui assure la liaison Paris-Venise. Train quotidien de nuit (14h).
Orient-Express
→ *Tél. 0800 913 079 www.belmond.com*
Pour 24h de trajet romantique, de Paris.
Liaisons en autocar
Eurolines
→ *Tél. 08 92 89 90 91 www.eurolines.fr*
Arrivée Piazzale Roma (**C** B2) à Venise.

PAR LA ROUTE

En voiture
Parkings obligatoires à l'entrée de la ville.
→ *www.interparkingitalia.it Tlj. 24h/24*
Autorimessa Tronchetto
→ *Isola del Tronchetto Tél. 041 520 75 55 Tarif 21€/24h*
Autorimessa Comunale
→ *Piazzale Roma 496 avm.avmspa.it Tarif 26€/24h* Réservation sur www.veneziaunica.it.
Parcheggio Sant'Andrea
→ *Piazzale Roma Tél. 041 272 23 84 Tarif 7€/2h*
En bus
Des lignes (ACTV) relient Mestre à Piazzale Roma.
En taxi
→ *Tél. 041 595 20 80*
En dehors de la lagune.

DÉBARCADÈRES DES TRAGHETTI

GONDOLES

Pas de Venise sans gondoles ! Quoi de mieux pour découvrir les trésors cachés dans les méandres de la Cité des Doges ? Devenue touristique avec le temps, cette activité, ô combien romantique, n'en est pas moins incontournable. Le métier de gondolier, hautement respecté par les Vénitiens, s'apprend de père en fils. Et le prix de la balade se fixe avec chacun, en fonction de ses désirs, à partir du tarif officiel de 80€ pour 35 minutes (majoré la nuit). Magique !

A le Boteghe (**B** C1)
→ *San Marco 3438 Calle delle Botteghe Tél. 349 197 48 33 www.aleboteghe.it*
Deux chambres doubles et une triple dans ce B&B abrité au 3e étage d'un palais vénitien. Tout le confort et un petit déjeuner copieux, servi avec attention par Clara, la maîtresse des lieux. 96-116€.

Locanda Fiorita (**B** D1)
→ *San Marco 3457/A Campiello Nuovo Tél. 041 523 47 54 www.locandafiorita.com*
Sympathique petit hôtel au 1er étage d'une belle bâtisse ocre du Campiello Nuovo. 10 chambres, petites mais ravissantes. 98-180€.

Foresteria Valdese (**A** C3)
→ *Castello 5170 Fondamenta Cavagnis Tél. 041 528 67 97 www.foresteriavenezia.it*
L'un des meilleurs rapports qualité/prix de la ville dans un palais du XVIIIe s. devenu le repaire des jeunes voyageurs. 51-60€ la simple avec sdb partagée ; 100-140€ la double.

Galleria (**B** C3)
→ *Dorsoduro 878/A Rio terrà Antonio Foscarini Tél. 041 523 24 89 www.hotelgalleria.it*
Un palais du XVIIe s. du plus pur style vénitien et 9 grandes chambres. Au pied du pont de l'Accademia. 100-300€.

Locanda Sturion (**D** E3)
→ *San Polo 679 Calle del Sturion Tél. 041 523 62 43 www.locandasturion.com*
Une référence, que ce 3 étoiles installé dans une demeure du XVe s. donnant sur le Grand Canal. 11 chambres de standing, bibliothèque multilingue sur Venise, le tout à l'ancienne. 100-380€.

San Moisè (**B** F2)
→ *San Marco 2058 Piscina San Moisè Tél. 041 520 37 55 www.sanmoise.it*
Dans une ruelle calme, cette maison du XVIIe s. a conservé son caractère d'antan (belle hauteur sous plafond, stucs originaux et lampes Murano). Certaines des 16 chambres donnent sur le canal ou la jolie cour intérieure. 105-350€.

Pensione Accademia - Villa Maravege (**B** B2)
→ *Dorsoduro 1058 Fondamenta Bollani Tél. 041 521 01 88 www.pensioneaccademia.it*
27 chambres dans une splendide villa du XVIIe s., entourée d'un grand jardin fleuri (transats), aux abords du pont de l'Accademia. Repos assuré. 110-500€.

Ca' Pisani (**B** B3)
→ *Dorsoduro 979/A Rio terrà Antonio Foscarini Tél. 041 240 14 11 www.capisanihotel.it*
Superbe hôtel design doté d'un bain turc et d'une terrasse. Chambres vastes et luxueuses, au mobilier Art déco. 115-420€.

À PARTIR DE 120€

Flora (**B** E2)
→ *San Marco 2283/B Calle Bergamaschi Tél. 041 520 58 44 www.hotelflora.it*
Paisible hôtel pour séjour de rêve à deux pas de la place Saint-Marc : délicieux espace intérieur avec fontaine pour se détendre en été. 40 chambres. 130-542€.

Hotel Canal Grande (**E** B3)
→ *Santa Croce 932 Campo di San Simeone Grande Tél. 041 244 01 48 www.hotelcanalgrande.it*
Un boutique-hôtel et ses chambres avec vue sur le Grand Canal, tout près de

GONDOLIER

TRAGHETTO SUR LE GRAND CANAL

la gare. Côté déco, il faut aimer les dorures, mais quel silence ! 130-280€.

Locanda Silva (A B4)
→ *Castello 4423 Fondamenta del Rimedio Tél. 041 522 76 43 www.locandasilva.it*
Idéal pour les familles : central, chambres vastes et impeccables, même si l'atmosphère est légèrement surannée. Salle commune à chaque étage. 140€.

Casa Burano
→ *Burano Tél. 041 52 72 281 Mars-nov. www.casaburano.it*
Sur l'île colorée de Burano, des chambres design dispersées dans des maisons de pêcheurs pour un principe d'"hôtel diffus" (au plus près des habitants). Également quelques belles chambres à Mazzorbo. Petit déj. 24€. 150-250€.

Oltre il Giardino (D B4)
→ *San Polo 2542 Fondamenta Contarini Tél. 041 275 00 15 oltreilgiardino-venezia.com*
À quelques mètres de la basilique des Frari, un repaire confidentiel pour les voyageurs qui aiment la discrétion. Très belle demeure blanche ayant appartenu à l'artiste Alma Mahler, déco minimaliste et jardin fleuri. 180-260€.

Metropole (F B2)
→ *Castello 4149 Riva degli Schiavoni Tél. 041 520 50 44 www.hotelmetropole.com*
Luxe suprême et attention au moindre détail dans ce palais rempli d'antiquités où pas une chambre ne ressemble à une autre. Vues splendides sur la lagune, jardin, et un restaurant étoilé. 250-890€.

PALACES

Hotel Danieli (F B2)
→ *Castello 4196 Riva degli Schiavoni Tél. 041 522 64 80 www.danielihotelvenice.com*
Marbres et lustres dans cet hôtel monument qui a vu défiler maintes figures du XXe s. 330-1 060€.

The Gritti Palace (B E2)
→ *San Marco 2467 Campo Santa Maria del Giglio Tél. 041 79 46 11 fr.grandluxuryhotels.com*
Un palais du XVIe s. de style ogival, élu par Ruskin, Hemingway ou Simenon. L'endroit pour voir ou être vu. 450-1 260€.

Belmond Hotel Cipriani
→ *Giudecca 10 Tél. 041 240 801 www.belmond.com/hotel-cipriani-venice*
Chambres ultra luxueuses, piscine chauffée, jardin de roses et spa digne de ce nom ; au Cipriani, c'est l'effet nuit de noces garanti. Situé sur la Giudecca, il offre une vue à tomber sur Saint-Marc et la lagune. 725-1 500€.

EN BATEAU

En vaporetto
Le bus de Venise ! Terme générique pour trois sortes de bateaux : le *vaporetto* proprement dit (bateau large et lent), le *motoscafo* (plus bas et plus étroit) et la *motonave* (à étage).
Ils desservent toute la ville, les îles du nord et fonctionnent non-stop (4 lignes de nuit).
ACTV (C B2)
→ *Piazzale Roma Tél. 041 24 24 actvavmspa.it*
Tickets
À bord, aux principaux arrêts, dans les bureaux de tabac et offices de tourisme.
→ *7,50€/75min*
→ *Ligne 1 : 4€ / un trajet*
→ *Billets touristiques, avantageux au-delà de 2 voyages (20€/24h ; 30€/48h ; 40€/ 72h ; + 12€ avec billet aéroport A/R en bus)*
Rolling Venice Card
→ *Tarif 22€/72h*
Une carte de transport (6€) pour les 6-29 ans.
Abonnements City Pass Venezia Unica
→ *83,90-137,90€ (de 1 à 7 j.)*
Une carte de transport où l'on choisit ses options et qui offre entrées gratuites et réductions (musées, excursions, restaurants) Achat à l'ACTV ou sur www.veneziaunica.it.

En traghetto
Gondoles collectives reliant le Grand Canal d'une rive à l'autre.
→ *2€ la traversée (0,70€ avec abonnement City Pass)*

En bateau-taxi
→ *Tél. 041 522 23 03*
Compter 82€ pour 4 pers. de Piazzale Roma à la Piazza San Marco.

LEXIQUE

Expressions utiles

Oui : Sì
Non : No
Bonjour : Buongiorno, buonasera (bonsoir)
Salut : Ciao
Au revoir : Arrivederci
Comment allez-vous / vas-tu ? : Come sta / stai ?
S'il vous plaît : Per favore
Merci : Grazie
Je vous en prie : Prego
Excusez-moi : (Mi) scusi
Je suis français(e) : Sono francese
Je ne parle pas l'italien : Non parlo italiano
Je ne comprends pas : Non capisco
Combien coûte... ? : Quanto costa ?
Y a-t-il... ? : C'è... ?
Où est... ? : Dov'è... ?
Je cherche... : Cerco...
Je voudrais... : Vorrei...

Temps et chiffres

Aujourd'hui : Oggi
Hier : Ieri
Demain : Domani
Matin : Mattina
Après-midi : Pomeriggio
Soir : Sera
Midi : Mezzogiorno
Minuit : Mezzanotte
Lundi : Lunedì
Mardi : Martedì
Mercredi : Mercoledì
Jeudi : Giovedì
Vendredi : Venerdì
Samedi : Sabato
Dimanche : Domenica
Un : Uno
Deux : Due
Trois : Tre
Quatre : Quattro
Cinq : Cinque
Six : Sei
Sept : Sette
Huit : Otto
Neuf : Nove
Dix : Dieci
Onze : Undici
Douze : Dodici
Treize : Tredici
Quatorze : Quattordici
Quinze : Quindici
Seize : Sedici
Dix-sept : Diciassette
Dix-huit : Diciotto
Dix-neuf : Diciannove
Vingt : Venti
Cent / deux cents : Cento / duecento
Mille / deux mille : Mille / due mila

Transports et repères

Métro : Metropolitana
Bus : Autobus
Arrêt de bus : Fermata dell'autobus
Bateau : Barca
Taxi : Taxi
Station de taxis : Stazione di taxi
Car : Corriera
Train : Treno
Gare : Stazione
Gare routière : Stazione degli autobus
Vélo : Bicicletta
Voiture : Macchina
Rue : Via
Place : Piazza
Tour : Torre
Maison : Casa
Pont : Ponte
Ville : Città
Château : Castello
Marché : Mercato
Musée : Museo
Église : Chiesa
Fleuve : Fiume
Mairie : Municipio
Office de tourisme : Ufficio turistico
Visite guidée : Visita guidata
Trajet : Itinerario
Plan, carte : Mappa
Proche : Vicino
Loin : Lontano
Entre : Tra
En face : Di fronte
Devant : Davanti a
Derrière : Dietro
À côté de : Vicino a
À gauche : A sinistra
À droite : A destra
Tout droit : Sempre dritto
Tournez à droite : Girare a destra
Je me suis perdu(e) : Mi sono perso(a)
Adulte : Adulto
Enfant : Bambino(a)
Aller : Biglietto di sola andata
Aller-retour : Biglietto di andata e ritorno

Signalétique

Entrée : Ingresso / entrata
Sortie : Uscita
Ascenseur : Ascensore
Escalier : Scala
Pousser : Spingere
Tirer : Tirare
Rdc : Piano terra
Premier étage : Primo piano
Deuxième étage : Secondo piano
Toilettes : Bagno
Hommes : Uomini
Femmes : Donne
Interdit : Vietato
Ouvert : Aperto
Fermé : Chiuso

Hébergement

Auberge de jeunesse : Ostello della gioventù
Chambre simple / double : Camera singola / doppia
Complet : Completo
Douche / baignoire : Doccia / vasca da bagno
Drap : Lenzuolo
Oreiller : Cuscino
Couverture : Coperta
Je voudrais réserver une chambre : Vorrei prenotare una camera
Petit déjeuner inclus : Colazione inclusa
Réservation : Prenotazione

Restauration

Je voudrais réserver une table pour deux personnes : Vorrei prenotare un tavolo per due persone
L'addition, s'il vous plaît : Il conto per favore
À emporter : Da asporto
Chocolat chaud : Cioccolata calda
Jus d'orange : Succo d'arancia
Vin rouge / rosé / blanc : Vino rosso / rosato / bianco
Bière : Birra
Entrée : Antipasto
Premier plat : Primo piatto
Plat principal : Secondo piatto
Dessert : Dolce
Carte : Menù
Plat du jour : Piatto del giorno
Eau du robinet : Acqua del rubinetto

High-tech

Wifi : Rete wireless, wifi
Mot de passe : Password
Téléphone : Telefono
Téléphone portable : Celullare
Ordinateur portable : Portatile

Argent

Argent : Soldi, denaro
Gratuit : Gratuito
Tarif réduit : Tariffa ridotta
Distributeur : Bancomat
Carte de crédit : Carta di credito
Prix : Prezzo

PRONONCIATION

E se prononce : é ou è
U : [ou]
C + a o u : [k]
C + e i : [tch]
G + a o u : [g]
G + e i : [dj]
Ch : [k]
Gh : [g]
Ci + a o u : [tch]
Gi + a o u : [dj]
Gn : [ny]
Gl : [ly]
Z : [dz]

Les noms de rues et de lieux de visite, classés par ordre alphabétique, sont suivis d'un carroyage, dont la lettre en gras **A, B, C...** indique le quartier et la carte correspondante. L'étoile ✪ renvoie aux pages "Les incontournables".

Rues

Monuments et lieux de visite

Guides Cartoville Gallimard
5, rue Gaston-Gallimard
75007 Paris
cartoville@gallimard-loisirs.fr
guides-gallimard.fr

Auteurs
Laure Raffaëlli-Péraudin, Raphaëlle Vinon, Charlotte Pavard, Julie Innato, Karim Bourtel
À Venise
Alice Cheron, Filippo Lo Giudice, Vega Partesotti

Photographies
Charlotte Pavard. Julie Innato pour les photos suivantes :
Les incontournables Basilica di San Marco, Palazzo Ducale, Gallerie dell'Accademia
Venise en 3 jours Caffè Florian
Vivre à l'heure Acqua Alta
A Rosticceria San Bartolomeo, Giacomo Rizzo
A★ Basilica di San Marco, Palazzo Ducale, Ponte dei Sospiri, Chiesa di Santa Maria Formosa, Palazzo Querini-Stampalia, Scuola Grande di San Marco
B Paolin **B★** Toutes les photos, sauf Palazzo Contarini et Chiesa di Santo Stefano **C** Oniga, Tonolo, Annelie Pizzi e Ricami
C★ Chiesa di San Pantalon, Scuola Grande dei Carmini, Squero di San Trovaso, Zattere
D La Zucca **D★** Ga' Goldoni, Scuola Grande di San Rocco, Scuola Grande di San Giovanni, Palazzo Mocenigo, Ca' Pesaro
E Da'a Marisa, Nicolao Atelier
E★ Ca' d'Oro, Ca' Vendramin Calergi
F Da Remigio, Bragorà, Muranero **F★** Torre dell'Arsenale, Museo Storico Navale, Giardini Pubblici e Biennale
Transports Vaporetto, Bateau-taxi.
Shutterstock pour les photos suivantes :
Couverture Grand Canal © Sven Hansche
Couverture et **Bienvenue à Venise !** La Salute © canadastock
Les incontournables Basilica dei Santi Giovanni e Paolo © gab90, La Salute © Will Howe, Rialto © Viacheslav Lopatin, Le Grand Canal © lazyllama, Scuola Grande di San Rocco © Dreamer Company, Ghetto © EQRoy
Les bons plans Traghetto © Sue Stokes
Se repérer à Venise Marché de la Pescheria © Heracles Kritikos
Les balades Vue du pont du Rialto © lapas77, Tintoret, Madonna dell' Orto © Renáta Sedmáková
Campo San Barnaba © ansharphoto
Les échappées Torcello © Martin M303
Carnet pratique Vue du Campanile © irisphoto1, Grotesque © Rolf E. Staerk, Caffè Florian © pio3, kayaks © Lee Yiu Tung.
Fotolia pour les photos suivantes :
A★ Campanile © Gina Sanders
C★ Campo San Barnaba © Renáta Sedmáková
Vivre à l'heure La Barca © Paul Prescott, Carnaval © sonsam
Les échappées San Michele © AlexBr, Burano © Yamagiwa ; Murano © alessandro0770
Transports Gondolier © Serkat Photography, Traghetto © Daniel Garcia

Cartographie
EdiCarto.
Vaporetti © VE.LA. S.p.A.

Remerciements à
Mélani Le Bris

1er dépôt légal : octobre 2000
Dépôt légal : décembre 2020
Numéro d'édition : 366120
ISBN 978-2-74-246184-4
Photogravure : Desk (Laval).
Imprimé en Chine par C&C Offset.

Actv

Linee di nav

I biglietti Actv sono acquistabili presso le biglietterie Venezia Unica, le biglietterie automatiche e i rivenditori a
Actv tickets can be bought from the Venezia Unica ticket points, the self-service ticket machines and the authorisec

1
2
3
4.1 4.2
5.1 5.2
6
7
8
9
10
11
12
13
14
15
16 *
17
18
19 *
20
22

N **Linee notturne** Night routes

PM **People Mover**
Funicolare terrestre
Cable railway
(Shuttle P.le Roma / Marittima / Tronchetto)

* A \ Alilaguna arancio
* B \ Alilaguna blu
* R \ Alilaguna rossa

* **Non sono validi i titoli di viaggio Actv**
Actv tickets and passes are not valid

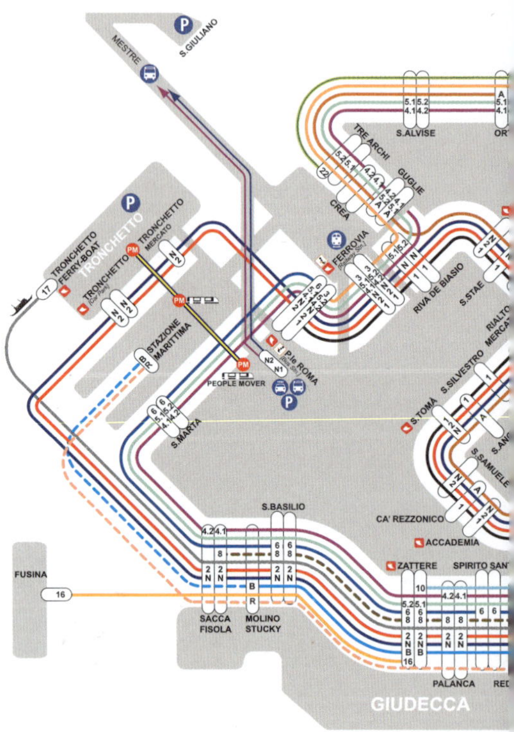

Ricordati di consultare gli orari esposti
Remember to read the timetables shown

Punti vendita o biglietterie automatiche Venezia Unica
Venezia Unica ticket points or self-service ticket machines

Informazioni turistiche
Tourist information

La linea ferma
The waterbus do

La linea non ferr
The waterbus do

Presso i punti vendita Venezia Unica puoi trovare anche biglietti per eventi, musei, mostre e teatri // guid
At the Venezia Unica ticket points you can also find tickets for events, museums, exhibitions and theaters // guide

Info call center Hellovenezia +39 0412424 \ www.veneziaunica.it Like us,